海南省基础与应用基础研究计划（省自然科学基金）高层次人才项目：
"搜索—学习"视阈下科技企业孵化器创新孵化内聚机理、耦合路径与应用研究"（项目编号：2019RC255）
海南省哲学社会科学重点实验室"金融创新与多资产智能交易实验室"建设成果

姜　骞◎著

科技企业孵化器创新孵化
内聚机理、耦合路径与实证研究
——基于"搜索—学习—网络"视阈

KEJI QIYE FUHUAQI CHUANGXIN FUHUA
NEIJU JILI、OUHE LUJING YU SHIZHENG YANJIU
——JIYU "SOUSUO—XUEXI—WANGLUO" SHIYU

中国财经出版传媒集团
经济科学出版社
Economic Science Press

图书在版编目（CIP）数据

科技企业孵化器创新孵化内聚机理、耦合路径与实证研究：基于"搜索—学习—网络"视阈／姜骞著．－－北京：经济科学出版社，2023.3

ISBN 978 - 7 - 5218 - 4640 - 9

Ⅰ.①科…　Ⅱ.①姜…　Ⅲ.①高技术企业－企业孵化器－研究－中国　Ⅳ.①F279.244.4

中国国家版本馆 CIP 数据核字（2023）第 052193 号

责任编辑：杜　鹏　郭　威
责任校对：刘　昕
责任印制：邱　天

科技企业孵化器创新孵化内聚机理、耦合路径与实证研究
——基于"搜索—学习—网络"视阈
姜　骞　著
经济科学出版社出版、发行　新华书店经销
社址：北京市海淀区阜成路甲 28 号　邮编：100142
编辑部电话：010 - 88191441　发行部电话：010 - 88191522
网址：www.esp.com.cn
电子邮箱：esp_bj@ 163.com
天猫网店：经济科学出版社旗舰店
网址：http://jjkxcbs.tmall.com
固安华明印业有限公司印装
710 × 1000　16 开　9 印张　140000 字
2023 年 3 月第 1 版　2023 年 3 月第 1 次印刷
ISBN 978 - 7 - 5218 - 4640 - 9　定价：59.00 元
（图书出现印装问题，本社负责调换。电话：010 - 88191545）
（版权所有　侵权必究　打击盗版　举报热线：010 - 88191661
QQ：2242791300　营销中心电话：010 - 88191537
电子邮箱：dbts@ esp.com.cn）

获取和创新绩效提升具有重要的战略意义。第二，跨越组织边界限
理的知识搜索从外部网络获取异质性知识可以增加科技企业孵化器
技术获取速度，以加速在孵企业成长发展和毕业速度，提升创新孵
跨越组织边界进行知识搜索成为科技企业孵化器获取外部异质性能
的重要战略路径，同时知识搜索能够解决科技企业孵化器在开放式
下由于目标、任务等多重复杂情境引致的创新"模糊性"。第三，
赋予科技企业孵化器一系列可选择优势，如发现多元化的异质性资
最佳制造模式、运行更好的组织结构、高效配置创新资源和方法、
会以及获取技术先行者优势等，通过知识搜索获取的外部资源不仅开
识，而且能够帮助企业进一步对新知识进行革新和拓展。第四，不同
搜索方式促使科技企业孵化器形成不同的组织学习模式，即探索性学
化性学习和利用性学习。探索性学习是指企业从外部获取知识；转化
是指企业维持知识时效性，是探索性学习与利用性学习的"桥接器"；
学习是指企业对外部获取知识的应用。上述三维动态学习机制对科技
孵化器生成动态能力、创新孵化模式具有至关重要的作用。因此，如何
国经济"三期叠加"和自贸港战略大背景下形成多种力量、多种模式、
机制共同促进的全链条、多层次创业孵化新格局，进一步提升孵化绩效
和孵化服务能力成为亟待解决的重大问题。

本书以"搜索—学习—网络"理论视阈为切入点，将传统的资源基础理
动态能力理论和组织间关系理论作为理论支撑构建全新的多重理论框
遵循"提出问题—分析问题—解决问题"的研究主线，围绕"搜索—
—网络"理论框架如何引入以及"创新孵化跃迁路径如何解构"这些
问题，基于资源基础理论、动态能力理论和组织间关系理论等理论，探
了"搜索—学习—网络"视阈下科技企业孵化器创新孵化跃迁路径的影响
理。全书主要研究了三个问题：（1）"搜索—学习—网络"理论框架如何
入？基于"搜索—学习—网络"理论视阈的科技企业孵化器内涵是什么？

前　言

竞争优势
制运用合
的知识和
化绩效。

力与知识
创新背景
知识搜索
源、寻
识别机
发新知
的知识
习、转
性学习
利用性
企业
在我
多种
水平

论、
架，
学
根
讨
机
引

党的十八大明确提出"科技创新是提高社会生
撑，必须摆在国家发展全局的核心位置"①，强调要
道路、实施创新驱动发展战略。AI、大数据、云计
技术为奇点的指数级聚变以及平台生态化导向发展
业孵化器作为助推国家创新能力体系以及区域自主创
力为我国具有"天生弱性"的创业企业，特别是资源
编配等各方面均较为薄弱的初创企业提供优质的帮扶
发展和步入正轨的"拉力器"和"助推器"。

创新孵化也被称为革新与技术孵化，旨在帮助在孵
力、成果转化水平以及风险规避能力等，继而实现在孵
一，创业孵化正由"器"之形转向"业"之态，根据
经济学的相关理论，科技企业孵化器对外部知识的吸收、

---

① 十八大报告解读：必须把科技创新摆在核心位置 ［OL］. 中国
gov. cn/jrzg/2012－12/28/content_2300813. htm，2012－12－28.

（2）科技企业孵化器创新孵化绩效如何界定？与孵化绩效存在哪些差异？经历了哪些历史演进过程？创新孵化绩效包括哪些具体维度？（3）资源整合、动态学习、网络编配对科技企业孵化器创新孵化绩效的影响机理是怎样的？价值平台和定制化服务、创新战略有效性等在其中发挥怎样的作用？

　　本书带着上述疑问，首先，对"搜索—学习—网络"理论框架、科技企业孵化器创新孵化绩效进行理论分析，围绕科技企业孵化器创新孵化的典型特征，探析"搜索—学习—网络"理论框架下权变因素资源整合、动态学习和网络编配与科技企业孵化器创新孵化绩效的影响效应；其次，在上述理论基础上构建概念模型，运用多案例研究、SPSS 和 AMOS 统计软件对收集的代表性案例和大样本数据展开实证研究，深入挖掘"搜索—学习—网络"框架下涵盖的相关变量与创新孵化之间的内聚机理和耦合路径；最后，结合现实情境与历史演进过程中所涉及的科技企业孵化器搭建的价值平台、科技企业孵化器自身创新战略有效性及其为在孵企业提供定制化服务等多重中介变量和调节变量展开具有可操作性的科学研究，提出科技企业孵化器创新孵化应该以资源整合为导向，搭建多主体参与的创新孵化平台，以动态学习为指导，匹配在孵企业需求，以网络编配为手段，形成全链条孵化生态模式，以期解决孵化器内创业企业不断衍生的动态性需求以及"资源链、技术链、信息链、创新链、价值链"锁定等多重难题，继而提高创新孵化的效率和效果，同时促使我国从"创新创业大国"向"创新创业强国"跃迁。

笔者

2023 年 2 月

目　　录

第1章　绪论 ……………………………………………………… 1

  1.1　研究背景与意义 …………………………………………… 2

  1.2　文献综述 ………………………………………………… 10

  1.3　研究内容与预期创新 ……………………………………… 28

  1.4　研究方法及技术路线 ……………………………………… 31

第2章　"搜索—学习—网络"视阈下科技企业孵化器创新孵化绩效

     跃迁路径的理论分析 ……………………………………… 33

  2.1　"搜索—学习—网络"视阈的理论基础 ………………… 33

  2.2　科技企业孵化器创新孵化的生成机理 …………………… 37

  2.3　"搜索—学习—网络"视阈下科技企业孵化器创新孵化的

     运作机理 …………………………………………………… 43

第3章　探索性案例研究 ………………………………………… 48

  3.1　案例研究方法概述 ………………………………………… 49

  3.2　案例研究设计 ……………………………………………… 52

  3.3　案例简介 …………………………………………………… 58

3.4 案例分析与路径模式 ·· 64

第4章 理论框架与概念模型 ·· 71

4.1 理论框架 ·· 71

4.2 研究假设 ·· 77

4.3 定制化服务与创新战略有效性的调节效应 ············· 82

第5章 "搜索—学习—网络"视阈下科技企业孵化器创新孵化内聚

机理与耦合路径的实证分析 ·· 86

5.1 研究方法与研究设计 ····································· 86

5.2 数据分析 ·· 97

5.3 结构方程模型检验 ··· 102

5.4 定制化服务与创新战略有效性的调节效应检验 ·········· 105

第6章 实证结果讨论 ·· 108

6.1 "搜索—学习—网络"视阈下科技企业孵化器创新孵化

模式的内聚机理 ·· 108

6.2 价值平台对科技企业孵化器创新孵化模式的内聚机理 ········ 111

6.3 定制化服务与创新战略有效性的调节作用分析 ·········· 111

6.4 "搜索—学习—网络"视阈下科技企业孵化器创新孵化的

耦合路径 ·· 112

第7章 结论与展望 ·· 116

7.1 研究结论 ·· 116

7.2 研究创新点 ·· 119

7.3 研究展望 ·· 122

参考文献 ·· 124

|第1章|
绪　　论

　　科技企业孵化器作为国家"双创"战略背景下保持经济转型和价值增长的重要载体，为在孵企业提供发展规划、管培指导以及金融帮扶等基本服务，继而哺育新创企业知识基缺口，促使其生存和成长[①]。然而，伴随着创新创业政策红利淡出行业舞台、聚焦科技创新与降本增效、宏观经济发展放缓与创新创业压力骤升、创新创业生命周期缩短以及强调定制化孵化服务等新特征的凸显，科技企业孵化器自主服务创新陷入"核心刚性"和"能力陷阱"[②]，资源快速搜索和创业辅导能力难以匹配在孵企业的个性化需求。科技企业孵化器创新孵化也被称为革新与技术孵化[③]，旨在帮助在孵企业提升成果转化水平、技术创新能力以及风险规避能力，继而实现在孵企业的迅速成长[④]。在当前持续推进我国从孵化器大国向孵化器强国迈进的背景下，科技企业孵化器的角色由硬件"保姆型"向软件"服务型"（技术服务、人力

---

　　① Marijn V. W. , Frank J. R. , FRANS N . You can't always get what you want: How entrepreneur's perceived resource needs affect the incubator's assertiveness [J]. Technovation, 2017, (59): 18 – 33.

　　② Leonard B. D. . Core Capabilities and Core Rigiditie-Paradox in Managing New Product Development [J]. Strategic Management Journal, 1992, 13 (SI): 111 – 125.

　　③ 邱国栋，马鹤丹. 创新孵化与风险投资互联的区域创新系统研究 [J]. 中国软科学，2010 (2): 97 – 106.

　　④ Garriga H. , Von Krogh G. , Spaeth S. . How constraints and knowledge impact open innovation [J]. Strategic Management Journal, 2013, 34 (9): 1134 – 1144.

资源、平台服务、金融服务等）转变，再到全链条孵化商业生态模式（众创空间—孵化器—加速器等多主体协同孵化）的提出，多渠道解决创业孵化服务能力与孵化质量问题的研究逐渐向纵深延伸。创新创业活动从内部组织到开放协同，追寻在孵企业动态性需求和快速发展，科技企业孵化器聚焦于多主体协同孵化与多要素渗透耦合的孵化生态模式，强调创新要素重度垂直细分和横向深度融合。如何在我国经济"三期叠加"和国家创新驱动战略大背景下驱动社会各界资源配置、多元孵化模式匹配以及多维孵化机制协同合力助推形成全链条、多层次创业孵化新格局，进一步提升孵化绩效水平和孵化服务能力成为亟待解决的重大问题。本书以"搜索—学习—网络"三重理论的有机融合为切入点，探究"资源整合—动态学习—网络编配"三重理论逻辑下科技企业孵化器创新孵化的内聚机理以及创新孵化绩效攀升的有效路径，以期为我国孵化器孵化能力和孵化质量的整体跃迁提供理论依据和蓝本参考。

1.1 研究背景与意义

1.1.1 研究背景

（1）创新驱动发展战略与我国科技企业孵化器自主服务创新陷入"核心刚性"和"能力陷阱"的现实背景要求我们重点关注创新孵化。

根据《中国创业孵化发展报告（2022）》的数据可知，创新创业保持持续强劲发展态势。其一，科技创新创业载体呈现高质量发展态势。2021 年，全国创业孵化机构数量达 15253 家，其中，孵化器 6227 家、国家级科技企业孵化器 1287 家，众创空间 9026 家、国家备案众创空间 2551 家。全国创业孵化机构总体运营成效良好，总收入达 801.76 亿元，同比增长 10.58%。其中，孵化器在孵企业年总收入达 1.24 万亿元，同比增长 21.3%[①]。其二，科

---

① 科学技术部火炬高技术产业开发中心. 中国创业孵化发展报告（2022）［M］. 北京：科学技术文献出版社，2022.

技创新创业服务质量不断提升。"众创空间—孵化器—加速器—科技园区"全链条创新孵化体系已经形成。截至 2021 年底，国家级科技企业孵化器、地方行业协会累计开展全国创业孵化人才培训 384 期，参训学员 4.3 万人。其三，科技创新创业生态环境持续优化。2021 年实际享受税收优惠的孵化机构数量达到 1553 家，减免税金额达到 11.1 亿元，间接惠及 16.4 万家科技创业企业和团队。全国孵化器孵化基金总额达 2664.09 亿元，同比增长 40.68%。全国创业孵化机构当年获得投融资的企业及团队 3.6 万家，同比增长 15.69%。其四，科技创新创业培育了一批硬科技企业。2021 年，孵化器在孵企业的研究与开发（R&D）总支出达 831.47 亿元，同比增长 2.83%，在孵企业平均研发投入强度达 6.68%。在孵科技型中小企业同比增长 28.9%，高新技术企业同比增长 11.1%。毕业企业上市和挂牌累计 6534 家，科创板上市企业中有 103 家为孵化器毕业企业，占比 1/4。从孵化器内走出了科大讯飞、达安基因、亿华通、天合光能等一批科技领军企业①。

　　科技企业孵化器成为传统产业结构转型升级和战略性新兴产业源头培育的重要载体，其发展基础也从聚焦创新载体搭建转向创新主体培育，发展方式从关注企业集聚转向产业培育，成为我国经济社会高质量发展必不可少的"创富源"和"就业源"。创新创业成为国家创新驱动战略实现的巨大助推力，对加速转变我国传统经济发展方式和优化经济结构作出了积极贡献。与此同时，在《中华人民共和国国民经济和社会发展第十四个五年规划和 2035 年远景目标纲要》《国家创新驱动发展战略纲要》等发展政策和纲要基础上，2022 年 8 月 5 日，科技部和财政部发布《科技部 财政部关于印发〈企业技术创新能力提升行动方案（2022—2023 年）〉的通知》，重点强调健全优质企业梯度培育体系，夯实优质企业梯度培育基础，支持掌握关键核心技术的专精特新"小巨人"企业和单项冠军企业创新发展。完善"众创空间—孵化器—加速器—产业园"孵化链条，推广"投资＋孵化"模式，提升各

---

　　① 科学技术部火炬高技术产业开发中心. 中国创业孵化发展报告（2022）［M］. 北京：科学技术文献出版社，2022.

类创新创业载体的专业化服务能力。国家出台一系列支持和鼓励创新创业的政策文件和政策工具，支持构建多要素聚合、多主体协同、机制健全和环境友好的新型创新创业生态，需要更高水平的孵化器行业规范和创新，以迎接历史发展新阶段。此外，科技企业孵化器在全链条孵化过程中的"核心刚性"和"能力陷阱"亦成为创新创业实践中的伴随性尴尬现象，大量孵化器在创新浪潮中构建，仅仅提供低端孵化服务和政策红利优势，孵化模式趋向于单一化和惯例化，孵化能力和服务能力的提升在很大程度上忽视与外部社会主体多元化合作孵化，致使科技企业孵化器孵化模式陷入简单的"保姆型"孵化的低附加价值增值的产业分工窘境。

如何破解科技企业孵化器创新孵化的深层次内涵、探索孵化服务能力提升的有效路径、加速构建孵化器自主孵化创新能力，成为学界、业界和政界多方亟待解决的重大问题。故而，从"搜索—学习—网络"三维框架下展开创新孵化研究具有深远意义和实践价值。以创新孵化为核心，促进孵化器服务与在孵企业需求的深度匹配，打破现有孵化的传统"保姆式"思维理念局限，不仅能够深度贯彻执行国家创新驱动战略等行动纲领，而且还能帮助科技企业孵化器跨越"孵化陷阱"，实现整体孵化质量和孵化水平的跃迁。

（2）伴随着创新创业政策红利淡出行业舞台、聚焦科技创新与降本增效、宏观经济发展放缓与创新创业压力骤升、创新创业生命周期缩短以及强调定制化孵化服务等新特征的凸显，关注和探析创新孵化对我国从"创新创业大国"向"创新创业强国"攀升具有切实的推进作用。

随着人工智能（AI）、大数据、云计算和物联网等新一代信息技术革命的持续发展和融合应用，全球范围的"互联网＋"传统产业结构转型升级、生产方式转变、新主导产业裂变式诞生正席卷各行各业的每个角落，新模式、新业态、新产品、新技术等颠覆式创新变革层出不穷。艾瑞咨询数据显示，创新创业中小微企业对国民经济贡献呈现"5678"特征，即贡献税收超过50%，国内生产总值（GDP）占比超过60%，发明专利占比超过70%，吸纳就业超过80%，中小微企业已然是国民经济的重要构成，对缩短收入差距、解放与提高生产力、提升经济质量的影响均十分重大，是实现共同富裕的物质基础。然而，企业的创新范式和竞争战略持续变革，来自外部动荡环境和内部孵化服务、孵化能力缺失的全新挑战给作为创新创业资源高效配置的科技企业孵化器提出了全新的要求。新时代背景下创新创业凸显诸多典型特征和发展趋势，创新创业态势和特征日新月异，多样化的创新创业组织结构类型不断衍生，"大众创业、万众创新"的普遍性持续提高；以复杂技术为核心的密集型创新创业持续攀升，人才引进和技术成果转化需求日趋强烈；创新创业领域在多产业和行业迸发，消费者的个性化需求导向持续衍生，敏捷性和定制化成为创新创业的关键环节；创新创业的生命周期逐渐缩短，企业迭代更新频率提速，风险资本有意识地向创新创业前端转移；创新创业行为和活动从内部协调转向开放协同，跨界创新创业活动日益增多。以上述创新创业活动的全新特征和态势为中心，科技企业孵化器所提供的孵化服务由传统单一模式转向注重营造多主体协同孵化、多元创新要素聚合、多重孵化机制健全、绿色低碳环境友好的创新创业生态系统平台模式，积极鼓励和拉动全社会范围内的市场主体进入创业孵化服务市场，创新和打造全新孵化模式与颠覆性孵化机制以提供高质量孵化服务，同时关注重度垂直细分和横向专业化服务；价值性资源快速集聚和创业辅导能力点对点匹配对创业企业健康、快速成长具有至关重要的作用，技术支撑和创业投资的"结构洞"作用将更为显著，创新创业资源将面向全球进行跨区域配置①。在经历供给侧和需求侧双重演进的过程中，科技企业孵化器发展进入量变到质变的跃迁阶段，科技企业孵化器的发展模式、经营模式和投融资模式不断升级，逐渐形成以创新孵化为目标的创新生态系统，聚焦科技创新与降本增效成为驱动中小微企业发展的关键。随着"大众创业、万众创新"政策红利淡出行业舞台，科技企业孵化器孵化服务逐渐回归商业本质，即如何依托自身运营能力实现稳定发展，从而达到投资回报或商业落地的目的成为行业核心探讨问题，孵化能力和孵化服务的提升不是单一的自组织问题，而是涉及多主

---

① 科技技术部办公厅. 国家科技企业孵化器"十三五"发展规划［EB/OL］. 科技部火炬中心官网，http://www.chinatorch.gov.cn/fhq/gztz/201707/ca0df74467ff491aa53b6aea638abebe/files/b450502614c746cca8534aae8889c66e.pdf，2017 – 7 – 3.

体、多维度的创新要素聚合问题，要想从根本上解决科技企业孵化器创新孵化问题，从本质上溯源才是解决之道。故而，从科技企业孵化器的结构洞角色出发，挖掘影响创新孵化绩效的权变因素，深度解构创新孵化的丰富内涵，才能解决孵化器内创业企业不断衍生的动态性需求以及"资源链、技术链、信息链、创新链、价值链"锁定等多重难题，继而提高创新孵化的效率和效果，同时促使我国从"创新创业大国"向"创新创业强国"攀升。

（3）创新孵化表现出明显的网络化和链条化特征，任何以单一理论为基础的静态研究弊端凸显，"搜索—学习—网络"理论视角为创新孵化内聚与耦合提供了良好的理论支撑。

我国孵化器行业发展起步较早，最初主要以提供基础的空间租赁作为核心服务，多依存于高校和研究院所发展。2015 年至今，由于国家"双创"政策和资本的双重推动，行业先后经历了空间赋能、政策赋能、资本赋能和产业赋能阶段。空间赋能阶段主要以提供基础的空间租赁作为核心服务，多依存于高校和研究院所发展。政策赋能阶段，孵化器服务在空间租赁基础上，除提供政策申报外，延伸出提供代记账、人才招聘等多样化服务。资本赋能阶段，金融资本大量涌入创新创业领域，针对企业资金需求直接入股投资或其他资本对接的孵化模式逐渐成熟。产业赋能阶段，科技企业孵化器通过自身孵化能力运用知识搜索和动态学习等绑聚丰富的产业资源，继而赋能入孵企业发展成为行业发展核心探索模式。虽然我国孵化器行业已经历从传统孵化器 1.0 时代发展至网络孵化器 4.0 时代的发展阶段，但从国内孵化器整体的盈利情况、运营稳定性和品牌影响力来看，整体行业仍处于较为初期的发展阶段，如何结合中国特色政策与商业环境，构建稳定可持续的商业化服务模式仍需未来持续探索。科技企业孵化器为在孵企业提供发展所需的关键资源、技术支持、关系联结。网络化的发展使科技企业孵化器与越来越多外部组织缔结关联、建立联盟，科技企业孵化器所载负的创新企业的巨大服务需求进一步推进了包括担保机构、投融资机构、政府机构等在内的多元主体入驻孵化器，"规模效应、资本赋能、政策拉动、多主体参与、开放式发展以及良性循环互动"等典型特征喷射式凸显。创新孵化作为一种切实有效的创新驱动方式得到全世界范围的学界、商界和业界的认可，创新孵化逐渐形成以科技企业孵化器、众创空间和加速器为横向价值链以及以政府机构、中介机构、高校科研机构等主体为纵向创新链的网络化和全链条化的创新组态。根据组织学习理论、动态能力理论、网络关系理论、协同理论的观点，创新孵化合作表现出与传统跨组织合作的差异性特征，相比传统合作，孵化合作不仅需要注入价值性的创新资源和知识，同时还要关注从外部多元网络主体获取的外部价值性资源在组织内部的消化、吸收和整合，更多地表现为超越单一理论范畴的多重理论共同作用的导向性合作模式，科技企业孵化器通过自身的编配能力与外部组织建立合作关系，运用合适的组织安排机制和利益共享机制构建具有"关系租金"特征的网络联系，继而构建以围绕在孵企业需求为焦点的创新网络，开展跨越组织边界的知识搜索和组织间学习，实现孵化服务与孵化能力的迅速攀升。故而"搜索—学习—网络"理论视角为创新孵化提供了良好的理论支撑，整个孵化过程呈现全链条化孵化特征，促使在孵企业能够健康、快速发展，顺利毕业，最终实现共演、共生、共创的多赢局面。

1.1.2　问题的提出

党的十八大明确提出科技创新是提高社会生产力和综合国力的战略支撑，必须摆在国家发展全局的核心位置，强调要坚持走中国特色自主创新道路、实施创新驱动发展战略。在以 AI、大数据、云计算、区块链等新一代信息技术为起点的指数级聚变以及平台生态化导向发展趋势的大背景下，科技企业孵化器作为助推国家创新能力提升以及区域自主创新能力提速的重要承载力，为我国具有"天生弱性"的创业企业特别是资源整合、动态学习、网络编配等各方面均较薄弱的初创企业提供优质的帮扶平台，是创业企业快速发展和步入正轨的"拉力器"与"助推器"。近年来，全国各地涌现出大批以众创空间、孵化器、加速器为代表的创新创业服务平台组织，截至 2021年底，全国孵化器数量已经突破 15000 家大关。自《国家中长期科学和技术发展规划纲要（2006–2020 年)》中的"科学技术创新发展"到《国家创新驱动发展战略纲要》中"创新驱动发展战略"再到《"十三五"国家科技创新规划》中"国家科技实力和创新能力大幅跃升，迈进创新型国家行列"最后到《国家科技企业孵化器"十三五"发展规划》中"全链条孵化"的提出，在新时代、新常态、新政策的经济社会发展引领下，再到《中华人民共和国国民经济和社会发展第十四个五年规划和 2035 年远景目标纲要》中"投资＋孵化"的升级，随着创新创业生态环境的优化，创新创业开放式创新生态系统的搭建以及新业态、新模式等发展新引擎的诞生，科技企业孵化器如何在超竞争的复杂动态环境中快速、健康、稳步地持续演进成为政产学研各界人士关注的焦点问题。

自 20 世纪 80 年代科技企业孵化器概念被提出以来，科技企业孵化器起初承载着为科技型创业企业提供低廉租金的物理办公空间、物业服务、互联网信息服务等维系基本生存和发展的"资源基础型的生命摇篮"的作用，伴随信息技术的持续迭代和飞速进步以及能力理论的介入，科技企业孵化器传统的以资源支持为典型特征的"保姆型"角色逐步转向以能力支撑（人才资源、运营管理、技术咨询、管理咨询、金融服务等）为典型特色的"服务型"角色，随着开放式创新与网络关系理论的涌现，企业从原有的自主研发"单打独斗"模式转向打破组织边界限制与外部多元主体形成网络连接的开放式整合创新的"集体抱团"模式，新时代背景下科技企业孵化器不仅承担上述资源配置和能力重构的"主人翁"角色，同时扮演为入孵企业"牵线搭桥"的"媒婆"角色。新一代科技企业孵化器表现出多元要素集聚、多元主体参与、多元关系融合的全新特征，故而，本书在理论上探索融合资源基础理论、动态能力理论和组织间关系理论的理论精髓形成全新的"搜索—学习—网络"的理论研究范式，以此为依托展开科技企业孵化器创新孵化内聚与耦合的相关理论问题研究。

为了深入研究以"搜索—学习—网络"三重理论为基础的权变因素与科技企业孵化器创新孵化内聚和耦合之间的关系，先对"搜索—学习—网络"理论框架、科技企业孵化器创新孵化绩效进行理论分析，围绕科技企业孵化器创新孵化的典型特征，探析"搜索—学习—网络"理论框架下权变因素资源整合、动态学习和网络编配与科技企业孵化器创新孵化绩效的影响效应，在此基础上构建概念模型，运用多案例研究、SPSS 和 AMOS 统计软件对收集的代表性案例和大样本数据展开实证研究，深入挖掘"搜索—学习—网络"框架下涵盖的相关变量与创新孵化之间的内聚机理和耦合路径，结合现实情境与历史演进过程中所涉及的科技企业孵化搭建的价值平台、科技企业孵化器自身创新战略有效性及其为在孵企业提供定制化服务等多重中介变量和调节变量展开具有可操作性的科学研究。

综上所述，本书尝试从"搜索—学习—网络"多重理论视角逐层、递进式深度透析如下科学问题：

（1）"搜索—学习—网络"理论框架如何引入？基于"搜索—学习—网络"理论视角的科技企业孵化器内涵是什么？

（2）科技企业孵化器创新孵化绩效如何界定？与孵化绩效存在哪些差异？经历了哪些历史演进过程？创新孵化绩效包括哪些具体维度？

（3）"搜索—学习—网络"理论框架下的外生变量、权变因素以及调节变量等对科技企业孵化器创新孵化绩效的提升以及孵化路径的跃迁机理是怎样的？价值平台和定制化服务、创新战略有效性等在多重变量概念模型中具有怎样的影响机理？

1.1.3 研究意义

1.1.3.1 理论意义

从科技企业孵化器的角色由硬件"保姆型"向软件"服务型"（技术服务、人才培养、生产管理、金融服务等）转变，到创业孵化全链条孵化的平台生态圈模式提出，多渠道解决创业孵化服务能力与孵化质量问题的研究逐渐向纵深延伸。而开放式创新背景下科技企业孵化器创新孵化强调多方创新要素的有序流动和深度融合，涉及资源搜索、组织学习、组织间网络三重理论范畴，将科技企业孵化器资源整合、动态学习和网络编配融合分析，将区别于现有科技企业孵化器创新孵化研究的分析思路，探索开放式孵化创新网络生态环境下科技企业孵化器创新孵化的多主体、多层次和多维度的内聚机理与耦合路径，是在深度上对现有研究的有力补充。

1.1.3.2 现实意义

在坚持市场主导与政府引导的前提下，通过外源型创新资源获取和内生型创新资源整合的市场化耦合机制解决创业主体的培育问题，有助于提高科技企业孵化器的资源配置效率。资源整合、动态学习和网络编配的有机融合可以作为科技企业孵化器创新孵化模式的有效路径，实现孵化能力和孵化质量的显著提升。在当前持续推进我国从孵化器大国向孵化器强国攀升的背景下，通过发挥科技企业孵化器自主能动性，不仅可以降低政府部门的政策失灵和财政负担，还可以实现市场结构转型，对我国孵化器全链条化生态系统建设具有深远影响。此外，创业社区、集团发展、连锁经营等新组织模式涌现致使科技企业孵化器向专业化、链条化、多层次、立体化方向发展，创新资源配置效率与创业主体个性化需求矛盾将长期存在。在孵化器多元化发展过程中创新资源的深度搜索与资源开发共享持续滞后、孵化网络各方主体协同缺失的情况下，资源整合、动态学习和网络编配多重理论嵌入下研究科技企业孵化器创新孵化模式显得尤为必要。

1.2　文献综述

1.2.1　"搜索—学习—网络"理论相关研究

工业4.0、逆全球化、双重挤压、供应链安全等多元复杂竞争环境下，企业能够有效配置的创新资源、掌握的动态能力以及链接的网络关系诠释了企业之间存在竞争位势和绩效差异的根本原因，特别是在以平台经济为主的开放式创新背景下，企业打破原有组织边界限制，将"资源整合—动态学习—网络编配"触手延伸到动态变化的网络关系中获取价值性资源、动态能力和关系租金。资源基础理论、动态能力理论以及组织间关系理论经过持续的理论演进和纵深发展，为"搜索—学习—网络"相关知识搭建成熟的理论体系，并对其他相关学科产生重要的影响。本部分将对资源基础理论（内涵、理论主张、特征参数、绩效关系）、动态能力理论（内涵、架构与维度结构）、组织间关系理论（内涵、管理机制、影响机理）三大支撑理论展开详尽的综述。

1.2.1.1　资源基础理论

（1）资源基础理论的内涵。国外学者彭罗斯（Penrose）最早提出资源基础理论，其运用经济学原理在《企业成长理论》中重点阐述了企业拥有的价值性资源与其成长发展之间内在影响关系机理，并提出著名的组织由资源差异性导致的不均衡增长效应的理论论断。根据彭罗斯研究成果的理论观点，企业绩效和成长发展的深层次原因在于其具有的内部资源。资源异质性（resource heterogeneity）和不可转移性（resource immobility）是资源基础理论的两个最基本的理论预设，各种资源要素聚集的综合体是构成企业的核心，企业拥有的异质性资源是其获取持续竞争优势的源泉，外部的宏观环境和组织环境会对企业的竞争优势产生一定影响，但并非决定性因素。巴尼（Barney）站在彭罗斯理论成果的"巨人肩膀"上对资源基础理论进行深度拓展，那些具有价值性、稀缺性、不可模仿性以及不可替代性四种典型特征的资源能够帮助企业获取持续竞争优势。与此同时，巴尼在其研究成果中指出，企业所拥有的资源异质性主要凸显为资源的稀缺性和不可替代性两个基本特征，而资源的不可模仿性源于特定情境下的历史条件、寓于资源与竞争优势影响机理之间的多种权变因素的因果模糊性和社会复杂性。如果企业可以通过两种或两组业务单元完全不同的资源实现相同的企业战略目标，那么就可以断定这两种或两组业务单元在获取竞争优势时具有相同的战略地位，故而，通过异质性资源获取持续竞争优势还要考虑资源的不可替代性。巴尼还概括了资源的异质性和不可转移性，剖析了价值性、稀缺性、不可模仿性以及不可替代性与持续竞争优势之间的作用关系，如图1.1所示。

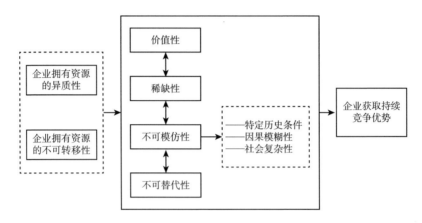

图1.1　资源基础理论视角下持续竞争优势生成机理过程图解

资料来源：Jay Barney. Firm resources and sustained competitive advantage［J］. Journal of Management，1991，17（1）：99－120.

综上所述，资源基础理论以资源及其所拥有的差异属性为研究对象，其核心理论观点认为具有"异质性"和"不可转移性"特征的资源是企业获取、维持持续竞争优势的动力源泉，企业在获取异质性资源的前提下才能引流、助推和促进企业在现实和历史演进的不同阶段表现出非一般均衡发展的成长轨迹和差异性绩效表现。

（2）资源基础理论的理论主张与特征参数解析。基于资源基础理论的内涵中的理论预设，彭罗斯和巴尼（Barney）之后的研究者们提出众多的理论主张，纵观这些理论主张，可以根据迈克尔·希特（Michael Hitt）在《布莱克威尔战略管理手册》一书中的观点将其归纳为四大命题（如图1.2所示），即不完全竞争市场中获取经济租金、掌握异质性资源的企业可以获取临时竞争优势、掌握异质性资源的企业能够获取持续竞争优势以及掌握异质性资源的企业通过不可预见战略获取持续经济租金。

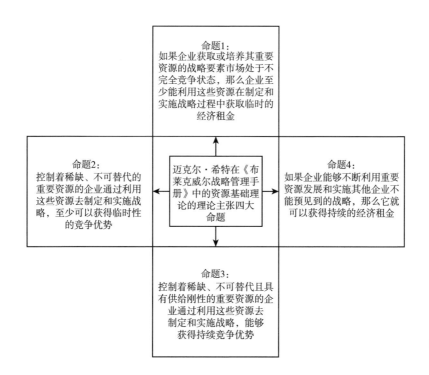

图 1.2 资源基础理论的四大命题

根据迈克尔·希特在其著作中提出的四大理论命题可以将资源基础理论的特征属性进一步拆解和细分，通过参数化的形式予以表现。企业用以制定和实施多元化战略的资源价值取决于企业的先验性资源构成以及这些资源与获取的外部资源之间的关系。第一，企业属性价值的参数化。企业的某种属性能够帮助它制定和实施降低净成本或增加净收益的战略，而如果没有这种属性的帮助就不会出现相应的结果，那么这种属性就可以被视为战略资源。通过检验资源的使用对制定和实施企业净成本或净收益战略的影响，可以判断出哪些企业属性才是企业真正的战略资源。第二，稀缺性的参数化。描述资源稀缺性的一个简单方法就是数量，假定市场中仅有一个企业可以获取某种价值性资源，这时该种资源表现出稀缺性特征，更深层次的理解就是只要在某一市场中拥有某一种资源的企业数量远低于形成完全竞争所需企业的数量，该种资源即为稀缺资源。第三，不可替代性的参数化。如果只有某些资源能够被用来帮助企业制定和实施一项战略，那么这些资源就是不可替代的。如果这样的一对一关系存在于某种资源和一项战略之间，那么该战略也是不可替代的。用这种一对一的方法描述不可替代性，可能需要考虑内外两个因素。第四，供给刚性的参数化。迪瑞克斯和科尔（Dierickx & Cool，1989）研究指出，资源核心刚性产生的根本原因来自因果关系模糊性、时间压缩的非经济性、资源配置的效率性、资产的互相关联性和资产侵蚀性。巴尼（1991）指出，路径依赖、因果关系模糊性或者社会复杂性会产生供给刚性。伊塔米（Itami，1987）则指出，无形资产具有供给刚性。根据资源基础理论的观点，拥有发展或培养资源花费的时间很长、与众多个人和技术相联系、基于企业内部以及企业与股东之间的（通常被简单认可的）无形关系特征的（比没有这些特征的）资源更有可能具有供给刚性。

（3）资源基础理论视角的企业绩效关系研究。基于资源基础理论视角的诸多研究聚焦于企业资源与绩效之间的影响关系，国内外学者努力追寻资源基础理论观点中对于企业绩效影响重大的资源是如何影响企业绩效的。国外学者钱德勒和汉克斯早在 1994 年就研究指出，新创企业的市场占有率、现金流量、销售额等成长绩效与其是否拥有丰富的异质性资源、友好的外部环境以及创业导向能力直接相关，新创企业自身的管理能力和资源配置能力直接影响企业的经济绩效（Chandler & Hanks，1994）。扎赫拉和尼尔森（Zahra & Nielsen，2002）通过实证研究得出结论，与制造相关的内部人员技能与新产品的数目、专利权件数、新产品推出速度等绩效正相关。费尔南多（Fernando，2016）通过构建数学模型从资源的匹配性和稀缺性两个层面探讨组织的资源配置对其在创新网络中所处的位势和绩效具有直接的影响作用。朱和周等（Ju & Zhou et al.，2019）研究指出，创业企业获取资源的速度越快，就越容易抓住市场机会并获得更好的绩效，丰富多样的资源可以带来更多的竞争优势和更好的绩效。刘新梅和赵旭等（2017）基于资源编排与竞争价值框架理论对企业高层长期导向与新产品创造力之间的关系进行探讨，结果表明，资源柔性在高层长期导向与新产品创造力之间具有部分中介效应。王栋和陈通（2019）基于企业基础资源观和组织学习理论研究指出，知识型员工双重社会网络对科技型企业创新绩效的作用路径有三条，资源获取与整合、知识共享与学习及员工动态创新能力，直接影响企业创新绩效。迟考勋和邵月婷（2019）从商业模式创新的视角探索新创企业绩效提升问题，稳定型资源整合、完善型资源整合以及开拓型资源整合可以为新创企业商业模式创新提供必要的支撑，继而加速渐进式变革，提升商业模式创新绩效。

1.2.1.2　动态能力理论

（1）动态能力的内涵。蒂斯等（Teece et al.，1994）在1994年发表于权威期刊《战略管理期刊》（*Strategic Management Journal*）的经典文章中提出"动态能力"的概念，即在全球市场上的领导者企业具备高效配置、整合、协调寓于组织内、外部各种资源的能力，且具有及时匹配、快速应对以及战略灵活性的产品创新能力。换言之，企业通过动态能力来开发企业现有的和外部存在的能够应付不断变化环境的企业特殊能力。动态能力是企业适应、集成和重构组织、资源以适应环境变化要求的能力，突破了资源基础理论和战略定位论等传统理论静态研究的上限。根据蒂斯等的理论观点，动态能力的核心观点是企业获取持续竞争优势的关键在于识别不断变化的外部环境，根据自身的优劣势及时匹配环境变化，并培育和建立与之相适应的组织调整和资源获取能力。动态能力的深层次内涵可以从其词语构成进行解读。第一，"动态"（dynamic），开放式创新背景下企业面临着前所未有的快速震荡的市场环境，组织的动态性体现在为了保持与外部环境相一致，企业持续性地对组织内外部的资源、技术、管理、信息等多元要素进行更新和完善；第二，"能力"（capability），企业的生存和发展与否依赖于是否具有协调、整合组织内外部资源以应对动态环境的能力，动态能力的奇点在于组织间竞争的动态性，聚焦于"先行者优势"与"竞争秩序和规则的改变"，强调在激烈的竞争环境中擅于维持原有优势地位，并在先验知识基础上创建新的竞争优势，继而获取超额利润。基于这样的思考，动态能力理论学派对资源基础理论进行了反思，认为仅拥有有价值的资源并非企业获利的保证，而拥有应对外在环境变动的能力及有效整合、协调内外部资源的组织，才是真正的胜利者，依据上述逻辑，基于动态能力的战略管理思维，延续了资源基础理论对组织内部的关注，同时也是一种外部导向的战略定位思考逻辑，因而与资源基础理论不同的是，动态能力理论学派强调组织内部与组织外部变动的匹配，同时能够更加明确地指出组织竞争优势的所在及其究竟如何形成。综上所述，动态能力的研究能够帮助学者们确定竞争优势的来源，同时更加深入地剖析企业如何有效地构建资源整合能力。在蒂斯等提出动态能力的概念之后，学者们纷纷从不同的理论视角和基础对动态能力的概念进行解析，形成了各具特色的动态能力内涵解释，表1.1为学者们对动态能力概念的不同界定。

表1.1　　　　　　　　　　　动态能力定义汇总表

作者（年份）	定义
Helfat（1997）	企业创造新产品、新过程以应对变化的市场情况的能力子集
Teece et al.（1997）	企业为应对快速变化的环境整合、建立和重构内外部能力的能力
Eisanhardt & Martin（2000）	企业利用资源的流程——尤其是获取、整合、重置和释放资源的流程以应对或者创造市场变革，以此获取新资源组合或战略性资产
Lee et al.（2002）	企业如何能应付环境变化的竞争优势的更新源
Rindova & Taylor（2002）	通过提升企业管理能力的微观演化和重构市场能力的宏观演化
Zahra & George（2002）	帮助企业满足消费者的动态需求以及应对竞争对手战略变革的资源重构和配置能力
Zollo & Winter（2002）	使得组织系统产生和修正其运营惯例以追求效率改进的被掌握的和稳定的集体活动模式
Winterf（2003）	用以扩展、修正和创造普通（实务）能力
Pavlou & El Sawy（2006）	重构职能能力（functional competencies）以应对动荡环境的能力
Drnevich & Kriauciunas（2011）	新产品、新服务、新业务流程、新客户关系、新商业模式构建能力
马鸿佳和董保宝等（2014）	企业具有对资源进行整合的能力，还能根据外部市场的不断变化对企业资源进行重组

资料来源：根据相关文献整理得到。

动态能力概念的相关讨论可谓百花齐放，根据上述研究内容不难发现一些共性特征，可归结为以下四点①：

第一，动态能力是企业为了应对快速变化的外部环境而生成的对内外部资源获取、协调、整合和重构的能力。

第二，动态能力的范畴是可识别的、有限回归的，凸显出明晰的组织常规惯例、流程、能力等特征②。

第三，动态能力是开展高度程式化、可重复活动以及多元化业务的知识能力。

第四，动态能力是企业稳固现有竞争优势和获取持续竞争优势基础能力的能力。

（2）动态能力的架构与维度结构。蒂斯等（Teece et al.，1991）认为动态能力是内嵌在组织流程中的复杂能力，提出了动态能力的 3P 架构，即流程（process）、位势（position）和路径（path）（如表 1.2 所示）。

表 1.2　　　　　　　　　　动态能力的 3P 理论框架

动态能力	功能
流程（process）	通过过程可以识别企业是如何行动的，识别其管理、目前的行为以及学习模式
位势（position）	通过企业在产业和上下游间关系中的位置识别企业目前的战略性资产，以及顾客关系与供应商关系
路径（paths）	通过企业的发展路径识别其可能战略选择以及未来的机会

资料来源：Teece D. J.，Pisano G.，Shuen A.. Dynamic capabilities and strategic management [J]. Strategic Management Journal，1997，18（7）：509－533.

动态能力架构下的流程可以进一步划分为协调和整合、学习以及重构与转型。战略位势（strategic position）是指企业所具有的战略性资产在行业内和产业价值链的复杂关系中所处的静态地位以及企业通过组织

---

① 李兴旺，王迎军. 企业动态能力理论综述与前瞻 [J]. 当代财经，2004（10）：103－106.

② Kathleen K. M.，Matin J. A.. Dynamic capabilities：What are they？ [J]. Stratigic Management Journal，2000（21）：1105－1121.

内部学习和组织间多元化主体的相互作用过程共同决定的战略地位。基于此，蒂斯等将"位势"定义为企业特定的资产（有形的财务资产或技术资产、互补资产、剩余资产以及制度资产等无形资产）。蒂斯等将动态能力理论下的"路径"分为"路径依赖"以及"技术机会"两个部分。"路径依赖"是指企业未来的战略行动选择会受制于先前的组织行为和管理机制等，当企业的收益与某种资源紧密相关或难以替代时，企业的路径依赖效应会被无限放大。"技术机会"与基础科学的演进相伴相生，与现代科学技术进步紧密相关，"技术机会"往往内嵌和发迹于产业和行业动态发展过程中，越来越多的企业投入大量的资源、人力和物力展开基础科学研究，技术机会大多时候由企业创新行为和活动衍生。动态能力是一种对先验性资源与能力的协调、整合、配置能力的打破、重构的能力，动态能力与组织惯例和企业过程共同作用以获取竞争优势。蒂斯（2007）在之前研究基础之上对动态能力的维度结构进行划分，主要包括感知能力、捕捉能力和重构能力。这一研究成果引发后续学者在不同情境之下展开动态能力维度结构的解析（如表1.3、图1.3所示）。

表1.3 动态能力的维度结构

作者（年份）	维度结构
Teece（1997）	整合能力、构建能力、重构能力
Eisenhardt & Martin（2000）	整合能力、重构能力、获取能力、释放能力
Teece（2007）	机会和威胁感知能力、机会把握能力、重构能力
Wang & Ahmed（2007）	适应能力、吸收能力和创新能力
McKelvie & Davidsson（2009）	创意、破坏市场、开发新产品和新流程
Sicotte, Dro-uin & Delerue（2014）	创新项目组合管理能力、企业家精神、积极的适应能力、战略更新和价值链利用与技术领导能力
蒋瑜洁（2019）	感知能力、补足能力、重构能力

资料来源：根据相关文献整理得到。

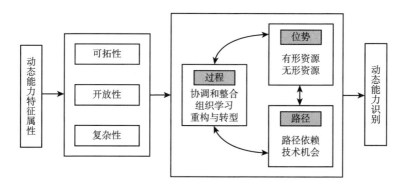

图 1.3 动态能力理论架构的逻辑导图

1.2.1.3 组织间关系理论

（1）组织间关系的内涵。组织间关系（interganizational relationship）概念的提出可以追溯到 20 世纪 80 年代，诸多学者在研究营销渠道理论过程中提出了基于上下游价值链的"垂直营销体系（vertical marketing system）"（Carman，1980）、较高关系强度的"买方—卖方关系（buye-eller relationship）"（Dyer & Singh，1987）、战略合作伙伴关系（strategic cooperative partnership）以及其他形式的战略联盟（Anderson & Narus，1990）。企业跨越组织边界限制与外部组织建立组织间关系成为打破资源基础限制和能力陷阱的一种战略选择，企业与外部组织的互动交流逐渐从关系建立转向关系管理。组织间关系管理并非传统意义上理想状态下的线性管理过程，而是基于不同的时间演进以及不同的关系情境双重维度的复杂管理过程[①]。随着全球化环境的发展以及创新速度的提升，越来越多的组织意识到组织间关系管理的重要性，学者们站在各自的理论基础上对组织间关系管理的深层次内涵展开剖析和破解。威廉姆森（Williamson，1985）和奥利弗（Oliver，1991）基于交易成本经济学理论（transaction cost economics）研究指出，组织间关系管理是一种需要同时考虑交易成本以及关系租金等内容的"经常—混合型"市场

---

① Fynesa B. , Burcaa S. , Mangan J. . The effect of relationship characteristics on relationship quality and performance［J］. International Journal of Production Economics，2008（1）：56－69.

交易管理机制，企业为了节约交易成本而进行特殊的组织结构和管理机制设计，且组织间关系管理也需要企业运用一定的机械式科层管理结构加以规制和执行。杰夫瑞和萨兰西克（Jeffrey & Salancik，1978）基于资源依赖理论（resource dependence theory）研究指出，组织间关系管理是企业给予外部环境不确定性和资源依赖性的一种战略应对，其关键在于企业与外部合作主体之间基于帕累托最优原则构建具有某种组织惯例的结构化交易关系，通过彼此的互动交流以降低依赖性和不确定性（Woiceshyn，1987）。麦克尼尔（Macneil，1978、1980）和多尔（Dore，1987）考虑到跨组织间合作难以规避的合同不完全性提出组织间关系管理应该遵从关系交换理论（relational exchange theory）的理论范式，即组织间关系管理旨在通过关系准则、联合行动以及共同信念等能够影响个体或组织行为的不成文的或非正式协议的行为管理机制，以达到规范和控制企业间的跨组织合作关系。换言之，组织间关系管理建立在企业间合作关系以及正式契约存续的基础之上，表现为具有选择性、持久性和结构性等典型特征的一种超越传统正式合同契约的隐性关系契约和开放式契约的非正式管理模式。罗珉和何长见（2006）将组织间关系管理视为正式契约联结和社会关系嵌入的双重绑定关系的规范和控制，是以制度安排为中心的融入正式和非正式个体或组织之间所共同形成的跨组织关系安排。

（2）组织间关系管理机制的研究。随着组织间关系理论不断向纵深发展，学者们开始探讨如何有效管控组织间关系，实施有效的管理机制成为解决之道。戴尔和辛格（Dyer & Singh，1998）研究指出，企业跨越组织边界建立合作关系获取竞争优势的重要路径之一就是设置有效、合适的组织间管理机制。基于古典契约机制、官僚科层机制以及根植于两者之间的中间机制的差异性组织属性，学者们对组织间关系管理机制的解读逐渐形成以"二维"和"三维"为主的划分方法。达斯和滕（Das & Teng，1998）研究指出，战略联盟是合作伙伴间出现机会主义行为的竞技场，信任和控制是两种具有差异性的能够促使企业间合作充满信心的平行机制，即正式控制（formal control）和社会控制（social control）。罗珉和何长见

（2006）研究认为制度属性是组织间关系治理的首要前提，"界面规则"和"协调机制"是构建组织间关系治理机制的核心，包含市场治理的"价格机制"和涵盖科层治理的"命令机制"的双重协调机制。陈旭润和叶明海（2014）基于亲密程度的新视角对组织间关系结构进行解析，将其划分为一般组织间网络和亲密组织间网络，处于亲密组织间网络中的企业在正式契约规制的基础上，运用关系规范、关系专用性投资等非正式规制可以促使整个网络利益最大化。韦茨和雅弗（Weitz & Jap，1995）将组织间关系管理机制划分为规范型、合约型和权威型三种管理机制。何晴等（2009）将组织间关系管理机制定义为为市场管理、科层管理和第三种管理的三元控制机制。组织间关系的关系属性决定了除了正式控制机制，以关系导向为切入点的社会控制机制（信任、承诺、互动交流、权益安排、价值创造准则等）成为学者们研究组织间关系管理机制的重点。此外，单纯的正式控制与社会控制难以解决跨组织间合作中的知识、利益、价值增值等问题，激发了学者们将组织间关系管理机制与其他情境因素和调节变量融合研究，如姜骞和周海炜（2010）将组织间关系管理机制与知识获取相结合探讨对合作绩效的影响。

（3）跨组织间合作绩效的影响机理研究。组织间关系管理是一种复杂的、动态的关系管理原则，如何有效地把控组织间关系的发展方向和深化质量成为跨组织间合作绩效实现的重中之重。组织间关系管理的演进过程是基于"界面规则"的双元模式经过企业间长期耦合互动的必然结果。组织间关系管理始发于合作成员间的交互行动所凸显出的一种能够反复实施、可以识别和认知的集体行为的关系维度渗透，继而提升合作绩效。20 世纪 90 年代初期，来自加拿大多伦多约克大学的奥利弗是最早探究组织间关系维度内涵的学者，其根据企业间合作关系的属性演变将组织间关系维度结构划分为连接（link）、纽带（ties）和网络（net）三种维度。斯特凡等（Stefan et al.，2008）研究如何通过实现、维持和改善外包合作伙伴关系中的关系质量来提升合作绩效，他们将外包合作伙伴关系维度划分为契约维度、结构维度、相互作用维度和情境维度四种。罗珉（2007）作为较早展开组织间关系理论研究的国内学者，在其于 2007 年发表在《外国经济与管理》上的文章中基于资源基础理论、知识基础观、社会逻辑观和组织学习理论四种理论视角对组织间关系维度结构进行破解，即"资源"维度、"知识和能力"维度以及"关系"维度。伍蓓和陈劲等（2010）从 R&D 外包的资源配置和技术，研发水平的资源专用性，相互依赖、相互作用的外包双方关系协调体系以及外包合作过程中的知识交流、讨论和交换三个主要层面将研发外包的组织间关系维度归结为资源维、关系维和知识维三种结构。屈维意、周海炜和姜骞（2011）以社会交换理论和知识管理理论为基础，将组织间关系维度结构划分为社会维度、结构维度和知识维度。

组织间关系维度结构"黑洞"的破解能够帮助参与跨组织间合作的企业更好地理解组织间关系合作界面以及有效选择合作路径，以实现"1 + 1 + 1 > 3"的协同效应。波尔拉等（Paulraj et al.，2008）研究认为，组织间沟通被提议为一种关系能力，可以为供应链合作伙伴带来战略优势，这种关系能力可以增强买方和供应商的绩效。兰布和斯克曼（Lambe & Spekman，1997）研究认为，随着新技术的迅速变革以及环境紧迫性和不确定性的提升，企业通过跨组织间关系互动与外部组织建立技术采购联盟获取价值性知识和技术，实现多主体参与的组织间创新性合作。拉明和邓拉普（Lamin & Dunlap，2011）研究指出，正式的组织间关系是新创企业构建核心能力向价值链上游攀升的重要资源，企业通过组织间关系可获取宝贵知识和经验，从而为发展复杂技术能力创造学习机会，继而提升组织绩效水平。刘和古里等（Liu & Ghauri et al.，2010）研究指出，关系资本能够加速联盟伙伴之间的知识获取和知识传播，继而增强合作企业对联盟关系的满意度，提升联盟合作绩效。韩和李等（Han & Lee et al.，2008）基于外包关系、过程理论以及 IT 资源能力的观点进行分析，结果表明，发包企业与接包企业的关系强度增强能够提升合作绩效。

1.2.2　科技企业孵化器相关研究

科技企业孵化经过近几年的蓬勃发展，研究成果大体包括五个分支①，即科技企业孵化器内涵及演进、科技企业孵化器组织结构与驱动要素、在孵企业培育成长机理、科技企业孵化器孵化模式以及科技企业孵化器孵化绩效研究。

1.2.2.1　科技企业孵化器内涵及演进研究

大众创业、万众创新的时代背景赋予科技企业孵化器蓬勃发展的舞台，由于不同经济发展时期的情境差异，科技企业孵化器的内涵也随之发生变化。不同国家和地区对科技企业孵化器的内涵具有不同的见解，通过文献梳理，其内涵主要包括生态环境论、网络资源论、结构论、创业特质论、孵化器定位论、战略适应论等不同的内涵理解②。随着科技企业孵化器研究的不断深入，学者们将目光聚焦于孵化器的演进及发展研究上，主要关注孵化器随着外部条件改变而形成的演进路径，并认为孵化器是通过不断改进自己所提供的服务来实现自己的演进和发展的。根据不同时期孵化器所具备的典型特征，科技企业孵化器的发展经历三代演进。第一代孵化器旨在为在孵企业提供包括办公环境、网络服务等在内的物理基础设施，给予被孵企业高质量的硬件孵化服务和辅助服务；第二代孵化器在提供硬件服务基础上为在孵企业提供了具有更高附加价值的管培指导、创业辅导、金融帮扶等软件孵化增值服务，旨在帮助在孵企业构建核心能力；第三代孵化器以组织间网络为契机，为在孵企业搭建包括价值链和产业链在内的全方位网络关系平台③，促使其迅速融入动态的创新生态系统中，实现多主体、多要素共同协作的全链条孵化。

---

① Hackett, S. M., Dilts, D. M.. A systematic review of business incubation research [J]. Journal of Technology Transfer, 2004, 29 (1): 55 – 82.

② 蒋仁国, 张旻, 张宝剑. 企业孵化器组织的网络化机理研究述评 [J]. 经济问题探索, 2011 (5): 80 – 84.

③ 张锡宝. 网络型孵化器及其对我国科技孵化器发展的启示 [J]. 科技管理研究, 2007, 27 (9): 67 – 68.

1.2.2.2 科技企业孵化器组织结构和驱动要素研究

科技企业孵化器的组织结构和驱动要素成为学界、业界和政界共同关注的话题，以解构科技企业孵化器的内在运行机制以及成功孵化的生成要素。诸多学者站在资源基础理论、联合生产理论、动态能力理论以及网络关系理论等理论制高点，分别采用定性比较分析（QCA）、扎根理论、多案例研究等多样化研究方法对科技企业孵化器的最佳组织结构进行探析，对科技企业孵化器成功运行以及有效实施孵化服务所必需的功能要素进行梳理和解析。具体来看，科技企业孵化器能否成功对在孵企业实施孵化的驱动因素按照孵化属性差异分为两个层面，即成功条件（基础设施完善的物理空间、卓有成效的管理团队、丰富的关系网络）和孵化服务（营造有利的商业发展环境、安置服务、支持性商业服务），具体如图1.4所示。大量学者通过实证研究得出普适性的结论，科技企业孵化器充分与外部创新网络中的参与主体展开孵化合作，形成以孵化器为核心，其他多元主体共同参与的孵化生态圈，孵化服务提供者与孵化服务受体之间通过资源整合、组织间互动、金融帮扶体系以及产学研合作等方式推进在孵企业持续向前发展。

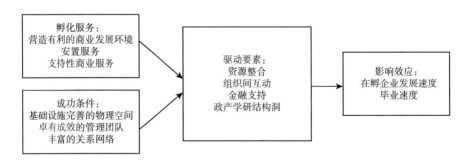

图1.4 科技企业孵化器成功运行的驱动要素模型

1.2.2.3 科技企业孵化器分类及成长机理研究

随着新创高技术企业的增加、客户需求专业化以及创新网络化，科技企业孵化器的类型也在不断演化，为在孵企业提供的成长资源和孵化服务也随之变化。学者们对孵化器分类及其成长机理展开了广泛的研究。诸多学者从科技企业孵化器的功能和提供的增值服务（孵化网络、资源集聚等）来进行分类。学者休斯、爱尔兰和摩根（Hughes，Ireland & Morgan，2007）从网络化和资源集聚两个维度将孵化器分为封闭孵化器、专业孵化器、动态孵化器和共有孵化器四种类型。格里马尔迪和格兰迪（Grimaldi & Grandi，2005）研究指出，科技企业孵化器类别划分应该从产权归属的角度来进行，即商业创新中心（BIC）、大学商业孵化器（UBI）、独立私有孵化器（IPI）和企业所有孵化器（CPI）四种。随着孵化器的升级和发展，目前国际上比较流行的三种孵化器是网络孵化器、专业孵化器、虚拟孵化器。不难看出，国内外学者从不同的理论角度对孵化器进行分类，通过相关文献的梳理和分析，本书对孵化器的类型进行归纳和总结（如图1.5 所示）。

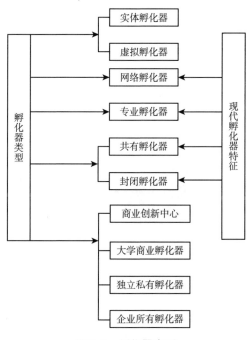

图 1.5　孵化器类型

尽管孵化器从不同的理论角度可以划分为多种类型，但从孵化器的本质功能以及其成长机理来看，孵化器是一种发挥特定功能的组织机构单元，通常都要具备选择、商业支持和调节等功能①。在孵企业在孵化器孵化功能的过程黑箱中持续成长发育，而孵化器在孵化过程中的孵化能力和功能对在孵企业的发育成长具有至关重要的影响。孵化器为在孵企业提供支持性的物理设施（办公空间、厂房等）和商业服务（金融支持、税务支持、中介服务等），抑或为在孵企业与外部组织建立连接提供必要的关系资源，在孵企业的成长和发展是嵌入在孵化器资源流、知识流和关系流相互作用的复杂过程中，在孵企业的先验性知识是其成长发育的关键，孵化器为在孵企业提供的多元化孵化服务是在孵企业进一步发展的重要保障。

1.2.2.4 科技企业孵化器孵化模式研究

科技企业孵化器孵化模式相关研究对创新创业持续高质量发展具有重要意义，基于不同经济发展类型的国家经济体制下衍生出具有差异性的孵化模式。张鲁彬和柳进军等（2015）通过文献梳理法对国内外孵化器的孵化模式实践进行总结和归纳，将孵化模式划分为价值提升型、资源获取型、能力培养型和风险规避型四大类型。其中美国孵化器的孵化模式为"投资＋导师＋服务"的两"＋"模式，德国孵化器的孵化模式包括共同投资和海外孵化两种模式，以色列孵化器的孵化模式为"筛选＋股权激励＋服务"模式；北京孵化器的孵化模式包括投资和服务结合、虚拟和实体结合以及大企业和高校衍生三大类型，西安孵化器的孵化模式为"综合孵化器＋专业孵化器＋企业加速器"孵化模式，武汉孵化器的孵化模式为"产权化＋网络联盟"的典型孵化模式，上海孵化器的孵化模式为"苗圃＋孵化＋加速"链式孵化和"导师＋金融服务"孵化的双轮驱动模式。王康和李逸飞等（2019）研究认为，孵化器可以有效地改善人力资本、融资约束以及企业科技成果的转移促进企

---

① Bergek, A., Norrman, C.. Incubator best practice: A framework [J]. Technovation, 2008, 28 (1): 20 –28.

业创新。约翰和蒂亚戈等（Johan & Tiago et al.，2012）通过典型案例分析提出，科技企业孵化器的价值位势、基础设施规模、商务支持以及网络联结度是在孵企业成功毕业的关键孵化要素。郭俊峰和霍国庆（2013）研究认为，科技企业孵化器盈利模式的建立应该在孵化价值链、产业链以及利益相关者的多元主体参与的前提下展开。吴瑶和葛殊（2014）研究认为科技企业孵化器的商业模式体系构建应包括概念体系和财务体系，概念体系包括价值主张、竞争战略和目标市场，财务体系包括价值链、价值网络和收益机制。吴玉伟和施永川（2019）研究认为，科技型小微企业硬科技创业动力要素包括资金供给、知识积累、设备支持、风险量化以及辅助服务等，根据动力来源主体可以构建"政府高质量主导""依托院所资源的投资平台"两种硬科技创业孵化模式。

1.2.2.5　科技企业孵化器孵化绩效研究

科技企业孵化器孵化绩效的研究备受学者们关注，主要应用描述性的定性分析、计量经济模型和数理统计方法展开。

其一，定性分析。科技企业孵化器孵化绩效的定性研究以质性研究和扎根理论为主。汉森、赫斯特德和维斯特加德（Hansson，Husted & Vestergaard，2005）采用深度访谈法对丹麦和英国的两个孵化器进行比较分析，深入探讨了孵化器在产学合作方面的中介作用。罗思柴尔德和达尔（Rothschild & Darr，2005）运用深度访谈法对来自以色列一流大学附属孵化器管理人员和技术人员等进行访谈，研究指出科技企业孵化器是基于社会网络的组织结构单元，能够有效促进组织间非正式网络的搭建，使外部组织的科研人员、技术人员等在这样的平台上开展技术诀窍、实验室服务、资源共享服务等一系列正式和非正式交换关系。

其二，计量经济模型。米安（Mian，1997）基于在孵企业的存活和发展、内部创业项目前景以及对大学的贡献三个层面构建了企业孵化器绩效评估模型，此外作者还认为孵化器的管理政策以及提供的服务都需要纳入绩效的评估范畴内。肖磊（2014）归纳出国家综合性科技企业孵化器具有优惠政策、物业配套、创业配套、融资辅助和创新服务五类核心孵化功能，并建立相应的孵化绩效评价体系。李燕萍和陈武（2017）通过分析 14 个省市众创空间绩效评价政策文本和 22 家众创空间负责人的访谈资料，运用扎根理论方法从"社会认知—社会情感—社会评价"三个方面对众创空间的发展质量和作用机理进行剖析，并从管理建设、能力培育、品牌塑造三个层面构建了包括 6 个一级指标、19 个二级指标和 54 个三级指标在内的评价指标体系。

其三，数理统计。学者们主要分析权变因素、边界因素对孵化绩效的影响差异问题。唐丽艳和周建林等（2014）提出三维度即社会资本、在孵企业吸收能力和创新孵化绩效之间的关系假设模型，并通过大连市 156 家在孵企业的问卷调查，运用结构方程模型对假设进行验证。阎明宇（2014）从入孵企业的视角探讨创新集群的创业网络与科技企业孵化器绩效的关系，选择大连市高新技术产业园区科技企业孵化器作为研究对象，通过问卷调查法、结构方程模型分析法等收集和处理数据，得出创业网络与在孵企业创业绩效之间具有正向相关关系，知识转移和孵化环境具有中介效应和调节效应。胡海青和王兆群等（2017）基于二元互动机制，将在孵企业创新嵌入孵化器控制力下动态环境中企业机会开发的实践过程，并重点关注其对创新孵化绩效的影响机理。姜骞和王丹等（2019）以科技企业孵化器为研究对象，考查知识移动、创新独占和网络稳定三种网络编配能力对价值平台的影响机制，以及如何影响科技企业孵化器创新孵化绩效，并将定制化服务作为调节变量加以探讨。

1.3 研究内容与预期创新

1.3.1 研究内容

本书以"搜索—学习—网络"理论视角为切入点，将传统的资源基础理论、动态能力理论和组织间关系理论作为理论支撑构建全新的多重理论框架，剖析其中涵盖的权变因素在此过程中发挥的中介效应和调节效应，并构建实证模型加以检验，各章的安排与主要研究内容如下。

　　第 1 章为绪论，对国内外涉及资源基础理论、动态能力理论、组织间关系理论、科技企业孵化器内涵及发展、组织结构和驱动因素、分类及成长机理、孵化模式、孵化绩效等的核心问题进行梳理和分析，把脉当前领域的研究脉络和研究现状，凝练本书研究的科学问题，聚焦本书研究的理论意义和实践价值，明晰研究内容和所采取的技术路线及研究方法，进而归纳和总结创新点。

　　第 2 章为"搜索—学习—网络"视阈下科技企业孵化器创新孵化绩效跃迁路径的理论分析，通过对国内外相关研究的梳理和研析，将"搜索—学习—网络"视阈引入作为切入点，挖掘"搜索—学习—网络"视阈下科技企业孵化器的内涵、创新孵化及其绩效的概念、特征和历史演进过程，继而从资源基础理论、动态能力理论和网络关系理论三个不同的理论视角剖析"搜索—学习—网络"视阈下科技企业孵化器创新孵化的运作机理，系统地对"搜索—学习—网络"视阈下科技企业孵化器创新孵化绩效跃迁路径进行理论分析，意在明晰"搜索—学习—网络"视阈下科技企业孵化器创新孵化绩效跃迁路径的作用机理。

　　第 3 章为探索性案例研究，运用探索性案例研究方法进一步验证"搜索—学习—网络"视阈下科技企业孵化器创新孵化的耦合路径，通过案例研究方法的确定、案例研究设计、案例选择、收集与编码、案例数据分析等，对收集的案例进行结果讨论和分析，确定案例企业具体的耦合路径，为后续研究奠定研究基础。

　　第 4 章为理论框架与概念模型，根据第 2 章和第 3 章的前续研究，对本书的理论范畴进行界定，通过"搜索—学习—网络"视阈下科技企业孵化器创新孵化绩效的影响效应分析构建本书的理论框架，并引入价值平台作为中介变量，定制化服务和创新战略有效性作为调节变量，构建"搜索—学习—网络"视阈下科技企业孵化器创新孵化的理论框架和概念模型，继而提出相关研究假设。

　　第 5 章为"搜索—学习—网络"视阈下科技企业孵化器创新孵化内聚机理与耦合路径的实证分析，主要介绍调查问卷设计、数据收集、变量测量和研究方法，运用 SPSS 和 AMOS 对获取的 318 份有效问卷进行信度和效度检验，并通过结构方程模型的修正对研究假设进行验证。

　　第 6 章为实证结果讨论，利用上述实证分析数据讨论"搜索—学习—网络"视阈下科技企业孵化器创新孵化绩效的内聚机理，剖析资源整合、动态学习及网络编配对价值平台的影响效应，价值平台对创新孵化绩效的影响机理，并对定制化服务和创新战略有效性所发挥的调节作用进行讨论和分析。

第 7 章为结论与展望，总结"搜索—学习—网络"视阈下科技企业孵化器创新孵化内聚机理、耦合路径与实证研究的主要研究结论和创新点，指出研究局限之处，并提出对未来研究的展望。

1.3.2 预期创新点

（1）以"搜索—学习—网络"理论为支点，构建科技企业孵化器创新孵化的"资源整合—动态学习—网络编配"的内聚机理模型，从科技企业孵化器面向市场和历史演变的视角入手，提出"资源整合—动态学习—网络编配"的科技企业孵化器创新孵化的理论分析框架。

（2）科技企业孵化器创新孵化是基于外源性创新资源获取（科技园区、高校、科研院所等产业价值链）和内生性创新资源利用（众创空间—孵化器—加速器的全链条化）的复杂运动过程，强调多方创新资源的有序流动和深度融合。科技企业孵化器提供点对点式的资源匹配服务才能将知识和技术能力传递给在孵企业，价值平台被认为是创新孵化参与主体间共同整合和协同的主要路径，通过构建资源整合、动态学习及网络编配与价值平台的概念模型，剖析其中的耦合机理有助于提升科技企业孵化器创新孵化绩效。

（3）以优化科技企业孵化器内外创新资源配置效率为目标，通过对不同理论层面的权变因素的内聚度和耦合度的动态变化过程的比较，确定出合理的创新孵化耦合路径，并分析纵向产业链和水平价值链在创新孵化主体之间的转移与让渡。

（4）预期引入创新战略有效性和定制化服务作为调节变量，研究其对于"搜索—学习—网络"视阈下科技企业孵化器创新孵化绩效的调节作用，考察创新战略有效性和定制化服务在"搜索—学习—网络"视阈下科技企业孵化器创新孵化绩效的影响作用过程中所带来的调节效应。

1.4　研究方法及技术路线

1.4.1　研究方法

本书的聚焦点为科技企业孵化器创新孵化跃迁路径研究，研究内容涉及经典的"搜索—学习—网络"理论框架的构建、多案例研究的设计和理论解构、权变因素与创新孵化绩效之间的作用机理等理论和实证研究，涉及管理学、社会学、系统学、统计学等多元化知识，具体如下。

（1）理论分析法与质化研究方法。运用理论分析法构建本书的"搜索—学习—网络"理论分析框架，采用纵向案例追踪法通过对国内科技企业孵化器在创新孵化方面文献的系统分析和梳理，提炼科技企业孵化器创新孵化的发展战略、解决问题的思路、实施步骤以及概念框架。

（2）组合式统计与系统分析法。通过大样本的问卷调查和深度访谈收集研究所需数据，以前人研究成果为基石，提出相关研究假设，运用 SPSS 的因子分析法和 Process 模型、AMOS 的 Bootstrap 模型实证分析资源整合、动态学习和网络编配三个维度与创新孵化绩效之间的影响机理，并将价值平台纳入中介变量，将定制化服务和创新战略有效性纳入调节变量，探索彼此之间的影响关系。

1.4.2　技术路线

本书深度解析"搜索—学习—网络"视阈下科技企业孵化器的内涵，界定和甄别科技企业孵化器创新孵化绩效深层次内涵，规范、引致科技企业孵化器联合外部参与主体与在孵企业之间的协同效应，突破组织边界限制，促成科技企业孵化器孵化服务与孵化能力的跃迁，针对我国科技企业孵化器"核心刚性"和"能力陷阱"的窘境展开更具有操作性的研究。本书的技术路线如图 1.6 所示。

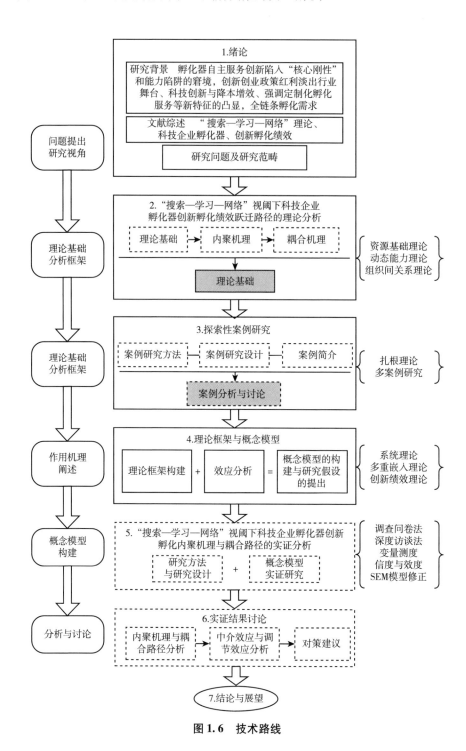

图 1.6　技术路线

"搜索—学习—网络" 视阈下科技企业
孵化器创新孵化绩效跃迁路径的理论分析

概念界定是人们对事物的准确定义以及对事物本质属性的认知，而概念的界定与学科体系研究的严密性具有千丝万缕的联系（倪荫林，1998）。本章通过对国内外相关研究的梳理和研析，探究"搜索—学习—网络"视阈的"理论基础""内涵""科技企业孵化器创新孵化的内聚机理"及其"运作机理"，系统地对"搜索—学习—网络"视阈下科技企业孵化器创新孵化的耦合路径进行理论分析。

2.1 "搜索—学习—网络" 视阈的理论基础

2.1.1 "搜索—学习—网络" 视阈的引入

《中共中央关于制定国民经济和社会发展第十四个五年规划和二〇三五年远景目标的建议》明确提出，创新在我国现代化建设全局中占据核心地位，强化企业创新主体地位，促进各类创新要素向企业集聚，支持创新型中小微企业成长为创新重要发源地。然而，由于新生企业的"天生弱性"属性，新开办的创新创业企业在资源、能力、技术、管理和财务等诸多层面处于内部资源短缺以及未能通过市场机制以合适的条件获得外部资源的生存状态，如果不能及时扫清生存障碍，初创企业在发展初期很大程度会陷入生存威胁。科技企业孵化器被认为是能够解决上述问题的重要载体和支撑机制。美国早在 1950 年就成立了世界上第一个企业孵化器，随着创新创业浪潮的不断推进，企业孵化器的概念在全球范围内兴起①。互联网技术的持续变革、开放式创新的市场环境以及快速迭代的产品促使不同的行业互为挑战，跨界和合作的热潮愈演愈烈，新时代和新常态背景下的科技企业孵化器不仅仅要关注自身的发展和演进，孵化器和在孵企业成为同一战车上的士兵，彼此的发展均需要资源整合、能力再造和关系编配。

其一，从资源整合的角度来看，科技企业孵化器针对在孵企业的现实需求，需要持续不断地从外部网络关系中有目的地通过纵向和横向的知识搜索获取价值性资源，有针对性地利用与之相匹配的价值性资源为在孵企业提供资源基础支撑。莫拉和罗德尼（Maura & Rodney，2008）研究认为，以大学为依托的科技企业孵化器提供公共基础设施、共享的会议室、接待区等资源利用服务能够为在孵企业建立明显的竞争优势、降低运营成本、提高组织绩效。西恩和大卫（Sean & David，2004）研究认为，共享的办公空间、实体性资产以及设备器具等可以有效帮助在孵企业创造战略优势和价值增值。

其二，从能力重构的角度来看，科技企业孵化器针对外部市场环境的动态变化，需要有针对性地为在孵企业创造匹配环境变化的学习效应和学习氛围。莱斯（Rice，2002）将孵化器和在孵企业的关系类比为援助计划的"生产者"和孵化业务的"消费者"，通过联合生产的方式可以帮助在孵企业大幅度地降低搜寻成本、提升在孵企业的组织学习绩效。施瓦兹和霍尔尼（Schwartz & Hornych，2010）研究认为，在孵企业的快速发展和成长与孵化器常规性地提供专业知识培训、重点技术研修班以及管理咨询、金融咨询等学习型活动紧密相关，大幅度提升价值性知识从载体向受体的转移。约翰和

---

① Adkins, D.. A brief history of business incubation in the United States ［M］. National Business Incubation Association, Athens, Ohio, 2002.

蒂亚戈等（2012）研究认为，新创企业需要运用"干中学"和"学中干"的组织学习方式改变企业行为、构建组织惯例、形成程序化规则，继而帮助其应对环境变化和管理方面的技能缺失。

其三，从关系交换的角度来看，网络时代背景下，组织的时间历练、战略决策、理念行为以及组织内外的各种资源的协调和管理都离不开嵌入外部环境中的各种要素，与外部组织建立专用性关系成为企业生存和发展的必然选择。姜骞和王丹（2019）研究指出，科技企业孵化器的网络编配能力对其形成价值性平台、提升创新孵化绩效具有重要影响，继而帮助在孵企业获取外部异质性资源①。科技企业孵化器中的在孵企业所组成的内部网络能够有效促进彼此的合作交流（例如业务外包以及有关产品、用户和市场的相关信息交流等），这些跨组织的行为和活动给网络成员企业都带来单个企业难以完成的利益。这也是现有的诸多科技企业孵化器修建咖啡厅、书吧、水吧等创客空间的原因所在。这也符合社会网络理论中提出的与外部组织构建不同属性的网络关系可以获取异质性资源的理论观点。由此可见，源于战略管理理论的资源基础理论、动态能力理论以及网络关系理论均从一定程度上体现了对"搜索—学习—网络"的传统理论分析框架的认可。社会网络、知识网络、创新网络的持续演进引致科技企业孵化器的角色和功能定位不断迭代，故而本章从科技企业孵化器历史沿革和现实需求的视角入手，提出"资源整合—动态学习—网络编配"的科技企业孵化器的理论分析框架。

2.1.2 "搜索—学习—网络"视阈下科技企业孵化器的内涵挖掘

开放性创新以及在孵企业动态性需求对科技企业孵化器孵化功能的多元化和链条化提出前所未有的挑战。资源基础理论视角下的科技企业孵化器聚焦于如何为在孵企业提供资源支撑及其辅助服务，继而降低运营成本、获取

---

① 姜骞，王丹，唐震. 网络编配能力、价值平台与创新孵化绩效——定制化服务的调节效应 [J]. 软科学，2019，33（2）：118 – 121 + 134.

竞争优势。动态能力理论视角下的科技企业孵化器的核心在于如何通过能力重构持续性建立价值平台以帮助在孵企业建立可操作的程序规则和组织惯例。组织间关系理论视角下的科技企业孵化器聚焦于在孵企业通过孵化器的关系嵌入网络与外部组织构建复杂的网络关系以获取外部价值性资源。根据前面章节论断和上述理论分析，科技企业孵化器的内涵在"搜索—学习—网络"理论框架下可以阐述为"资源整合、动态学习和网络编配"三个层面。

其一，资源整合是指科技企业孵化器通过提供硬件基础设施共享（如厂房、办公空间、接待服务室、创客空间等）、信息网络共享（如免费网络服务、虚拟社区、园区工作服务群等）以及与配套设施相匹配的后勤保障性服务（如电能、物业管理服务等）使新创企业能够获取创业初期所必需的基础资源，实现规模经济与范围经济效应。

其二，动态学习是指科技企业孵化器为在孵企业提供学习与培训服务（如技术支持、人才招聘、人才培训、生产管理、营销管理、企业咨询等），强调孵化过程中组织系统、流程、规则、结构等方面随着外部环境变化而改变所采取的行为和活动，主要包括探索性学习、转化性学习和利用性学习[①]。探索性学习是指企业从外部获取知识；转化性学习是指企业维持知识时效性，是探索性学习与利用性学习的"桥接器"；利用性学习是指企业对外部获取知识的应用。上述三维动态学习机制对企业生成动态能力、实现创新绩效具有至关重要的实践价值[②]。其旨在使在孵企业能够在试错行为中迅速纠正和改道以及持续性改进组织行为和创新文化，以加速在孵企业的成长速度、提升在孵企业创业绩效。

其三，网络编配是指节点企业通过一系列故意、有目的行为和活动利用创新网络创造价值和获取价值增值的能力，如孵化器内创业项目互补、业务合

---

① Lane P. J., Koka B. R., Pathak S.. The reification of absorptive capacity: a critical review and rejuvenation of the construct [J]. Academy of Management Review, 2006, 31 (31): 833 – 863.

② Eisenhardt K. M., Martin J. A.. Dynamic capabilities: what are they? [J]. Strategic Management Journal, 2000, 21 (10 – 11): 1105 – 1121.

作，与外部主体展开跨界合作和边界打破。根据丹拉吉和佩塔赫（Dhanaraj &
Pharkhe，2006）的研究，网络编配能力可划分为知识移动能力、创新独占
能力和网络稳定能力。科技企业孵化器为在孵企业搭建纵向和横向连接的关
系网络，为在孵企业创造出迅速嵌入价值性创新网络的机会和平台，依托
网络关系的编配沿着价值链、创新链获取双向自由流动的异质性知识和技
术诀窍，其目的在于帮助在孵企业提升获取价值性资源、专业技能和核心
技术以及创造跨组织间合作关系的概率，以加速在孵企业的发展（如图
2.1所示）。

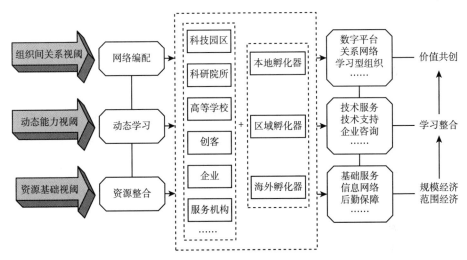

图2.1 "搜索—学习—网络"视阈下科技企业孵化器的内涵

2.2 科技企业孵化器创新孵化的生成机理

2.2.1 科技企业孵化器创新孵化及其绩效的概念界定

创业孵化正由"器"之形转向"业"之态，根据创新管理领域和演化
经济学的相关理论，科技企业孵化器对外部组织资源的利用，知识的吸收、
获取和搜索以及关系租金的捕获对持续竞争优势获取和创新绩效提升具有重

要的战略意义。跨越组织边界限制运用合理的组织行为活动从外部网络获取异质性资源可以加快科技企业孵化器的知识和技术获取速度，以加速在孵企业成长发展和毕业速度，提升创新孵化绩效。跨越组织边界进行多元创新要素的获取成为科技企业孵化器获取外部异质性能力的重要战略路径，同时多维度获取资源的孵化路径能够解决科技企业孵化器在开放式创新背景下由目标、任务等多重复杂情境引致的创新"模糊性"。"搜索—学习—网络"的多重理论视角赋予科技企业孵化器在复杂纷乱的外部环境中一系列可选择优势，例如发现多元化的异质性资源、搜索最佳制造模式、运行更好的组织结构、高效配置创新资源和方法、识别机会以及获取技术先行者优势等，通过资源整合、动态学习和网络编配获取的外部资源不仅能够开发新知识，而且能够帮助企业进一步对新知识进行革新和拓展。科技企业孵化器联结多主体、透析多维度、聚合多要素的孵化路径对科技企业孵化器生成动态能力、提升创新孵化绩效具有至关重要的作用。因此，如何在经济"三期叠加"的大背景下形成多种力量、多种模式、多种机制共同促进的全链条和多层次创业孵化新格局，进一步提升孵化绩效水平和孵化服务能力成为亟待解决的重大问题。

科技企业孵化器提供的资源和服务无疑是在共性资源的框架下以较低租金向在孵企业提供企业发展规划、管理经验与服务以及网络关系，甚至金融帮助等程式化服务。然而，伴随着新创高技术企业的增加、客户需求专业化以及创新网络化，科技企业孵化器自主服务创新陷入"核心刚性"和"能力陷阱"[①]，难以满足在孵企业的多元化复杂性需求。创新孵化成为解决上述问题的重要战略选择。创新孵化也被称为革新与技术孵化，是指由孵化器依靠自身的孵化能力、孵化服务以及孵化网络，从资源共享、商业服务支持、管培指导及金融支持等方面对在孵企业展开哺育与滋养，旨在帮助在孵企业提升技术创新能力、成果转化水平以及风险规避能力等，继而实现在孵企业的迅速成长[②]。

---

① Leonard B. D. . Core capabilities and core rigiditie-paradox in managing new product development [J]. Strategic Management Journal，1992，13（SI）：111 – 125.

② 唐丽艳，周建林，王国红. 社会资本、在孵企业吸收能力和创新孵化绩效的关系研究 [J]. 科研管理，2014，35（7）：51 – 59.

创新孵化绩效作为衡量孵化器孵化能力和绩效水平的关键指标是孵化网络与在孵企业联合价值创造产生的共有价值的反映，应该同时考虑在孵企业的生存和发展状态、在孵企业的创新能力以及整个孵化过程中的风险管理水平。

2.2.2　科技企业孵化器创新孵化的特征

2.2.2.1　嵌入性特征

在我国当前转型经济背景下的不完全市场竞争环境中，由于新的市场化交易机制尚未健全，创业者个人偏好和已有合作惯例直接决定了创业活动和创业合作的发展方向，故而，创业活动寓于企业发展成长的商业生态环境中。科技企业孵化器孵化过程中，孵化网络带来的孵化创新资源的丰富程度直接依赖于区域性创新要素（创新举措、网络特征、信息资源等），具有社会网络的普遍属性。因此，科技企业孵化器孵化服务和活动的开展以及创新孵化绩效的提升受限于能够调动的区域创新要素，创新孵化过程和绩效嵌入相对宏观的创新生态系统中。

2.2.2.2　协同性特征

科技企业孵化器在孵化网络中扮演着核心主体的结构洞角色，通过非线性相互作用形成创新孵化的有机整体，在孵化过程中形成以"斯密—杨格"定理为基础的"产权—交易—分工"孵化路径和模式（如图2.2所示），进而实现创新要素在孵化网络主体间的搜索赋权，促进不同创新要素主体（生产性主体、交易性主体、规制性主体）之间的创新要素赋权。此外，创新要素在孵化器内和孵化环节的分工机理符合亚当·斯密的劳动分工理论，即通过孵化网络主体的跨组织间的全方位合作产出差异化的孵化环节和孵化服务，孵化分工依赖于孵化网络参与主体的分布范围和交易成本（威廉姆森分析范式），创新孵化过程中创新要素专用性、组织学习规模性以及创新孵化中的不确定性要求孵化网络中多主体参与和多层次协同。

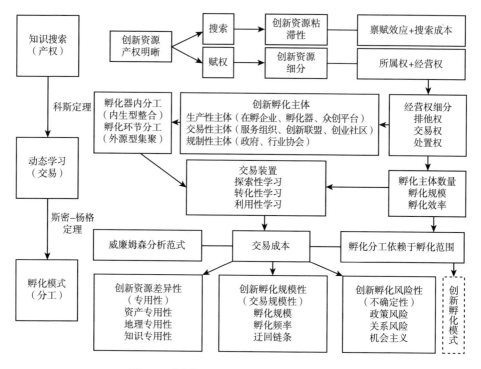

图 2.2 "产权—交易—分工"孵化路径模型

2.2.2.3 动态性特征

创新孵化网络属于典型的松散型竞合关系网络，孵化网络成员进入和退出是孵化过程中的常态，随着不同孵化阶段获取的差异性孵化成果的转化，在以科技企业孵化器为核心的孵化网络中各行为主体及其相互之间的网络联结随时都在演化。科技企业孵化器创新孵化的动态性较为明显的表征就是在孵企业对于市场机会的识别和顾客需求的把握方面，在孵企业的原有创业项目的解体以及新孵化项目的启动，针对不同行为活动孵化网络必然会出现参与成员的退出和新成员的更新。此外，科技企业孵化器要克服地理距离、制度距离和技术距离多因素掣肘，针对孵化器内不同的在孵企业创业项目对差异性资源诉求，创新孵化更加强调多方创新要素的有序流动和深度融合。科技企业孵化器提供点对点式的孵化服务才能将资源、技术和知识传承给在孵企业，通过孵化网络不同组织成员之间的交互作用才能提升孵化绩效。

2.2.3 科技企业孵化器创新孵化的历史演进

科技企业孵化器是以物理空间为衍生的孵化平台，以物业、产业收入为商业模式的一个商业体，服务的对象是创业者。中国孵化器行业发展起步较早，自1987年在武汉成立第一家孵化器东湖新技术创业中心以来，我国科技企业孵化器经历了30余年的发展历程，最初主要以提供基础的空间租赁作为核心服务，多依存于高校和研究院所发展。而在近几年间由于国家"双创"政策和资本的双重推动，行业先后经历了服务赋能阶段和全链条赋能阶段。在服务赋能阶段孵化器服务在空间租赁基础上，除提供政策申报外，延伸出提供代记账、人才招聘等多样化服务。而后行业进入全链条赋能阶段，在此期间由于资本的大量涌入，针对企业资金需求直接入股投资或其他资本对接的孵化模式逐渐成熟。孵化模式经历了从最初的资源型孵化到服务型孵化再到全链条孵化的历史演进。

2.2.3.1 资源型孵化阶段

资源型孵化阶段处于科技企业孵化器建立的初期，这一阶段的科技企业孵化器面对的孵化对象大部分为初创企业，给予在孵企业创业初期所必需的基础的物理资源支撑，包括厂房、办公空间、互联网、保洁、后勤等基础孵化服务，少量地提供一些信息咨询和创业指导等项目。科技企业孵化器的主要目的就是为在孵企业提供全方位的硬件设施，在孵化器内共享物理资源，帮助在孵企业降低运营成本，继而帮助在孵企业解除后顾之忧，促使其专注于创业项目。

2.2.3.2 服务型孵化阶段

科技企业孵化器的孵化能力和孵化服务与外部环境变迁以及在孵企业需求多样性形成持续共演。科技企业孵化器单纯的硬件支撑难以满足政府职能转变和市场经济转型所带来的孵化挑战。不同阶段和类型的在孵企业渴求来自科技企业孵化器更多的孵化服务，科技企业孵化器逐渐由资源型孵化阶段向服务型孵化阶段转变。这一阶段科技企业孵化器的创新孵化体现在为差异性阶段在孵企业提供保姆式全程服务，从有了一个创业想法到组建了核心的创业团队，从营造更好创业氛围的办公环境，到期权、股权等融资服务，努力满足在孵企业的创业所需。如开办营销、法务、财税等创业必修课训练，提供在孵企业急需和欠缺的技术帮助或咨询等。

2.2.3.3　全链条孵化阶段

随着网络化时代来临、全球竞争的加剧以及创新创业的技术密集度持续升高、个性需求不断增长等新特征的持续显露，科技企业孵化器自主服务创新与在孵企业的现实孵化需求难以达成点对点式的匹配。科技企业孵化器在创新要素供给与需求分析的基础上，充分衡量各个创新要素主体与科技企业孵化器的关系属性和生态位置，逐渐发展以科技企业孵化器为核心、以水平价值链和垂直产业链为路径的外源型创新要素集聚和内生型创新要素整合的孵化生态，即"创客空间（众创空间）＋孵化器＋加速器＋产业园"的全链条孵化体系（如图 2.3 所示）。

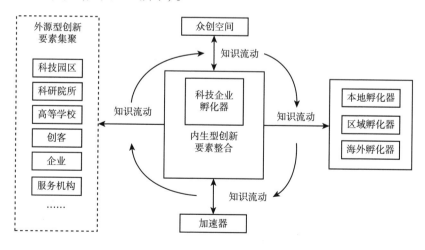

图 2.3　全链条孵化示意

2.3 "搜索—学习—网络"视阈下科技企业孵化器 创新孵化的运作机理

2.3.1 资源基础理论视角下科技企业孵化器资源整合的理论分析

资源基础理论的观点指出，竞争优势源于组织资源的禀赋和占有，即价值性、稀缺性、不可模仿性和不可替代性的异质性资源束在企业中形成集聚①②。"资源束"一方面表现为有形资源与无形资源的多样性的资源组合（Wernerfelt，1984；Day & Wensley，1988），诸如企业现有的企业特质、实体资产、技术能力、业务流程、知识基等的组合（Bamey，1991）；另一方面凸显为多样性资源的源头，包括内部累积和外部汲取（Doz & Hamel，1998）。国外学者达斯和滕（2000）研究认为，企业通过整合组织边界之外的各种资源可以使其获取依赖先验性资源无法获取的竞争优势，通过共建合资公司、战略联盟等跨组织联结方式能够高效地利用寓于组织间的资源组合。此外，沃纳菲尔特（Wernerfelt，1984）从资源互补的视角进一步明确了企业从外部获取异质性资源与先验性资源之间的差异性，肯定了通过获取外部异质性资源维持持续竞争优势的重要作用。贝克和尼尔森（Baker & Nelson，2005）研究指出，创业者面临资源约束时可以采取资源拼凑的行动战略，通过与现有资源的整合利用，从而捕获新的创业机会或应对环境动荡性的挑战。企业主要通过现有资源（resources at hand）、资源将就（making do）以及资源重构（combination of resources for new purposes）来实现资源拼凑战略。根据资源基础理论的核心观点，资源整合是科技企业孵化器支持在

① 韩炜，杨俊，陈逢文，等. 创业企业如何构建联结组合提升绩效？——基于"结构—资源"互动过程的案例研究 [J]. 管理世界，2017（10）：130 – 149 + 188.

② Barney J. B. . Firm resources and sustained competitive advantage [J]. Advances in Strategic Management，1991，17（1）：99 – 120.

孵企业成长发展的最基本单元，以帮扶在孵企业克服多数创业者都需面临"新生弱性"（liability of newness）（Zahra et al.，2008；Desa & Basu，2012）和"小而弱性"（liability of smallness）（Baum & Amburgey，2002；Peer et al.，2016）的双重约束。科技企业孵化器资源整合所要解决的关键问题正是在孵企业在"内忧外患"的环境下突破资源约束、推动机会开发、促进资源能力形成、提升资源配置能力、克服新小弱性及形成竞争优势等[①]。科技企业孵化器通过持续不断的纵向和横向资源搜索以突破无效资源组合和传统保姆型思维定势，创造性地整合多样性有限资源，催生不同资源用途、资源结构、社会化属性及其新的使用价值，直接促使在孵企业获取全新的创业机会、创业行为及创业资源等与资源环境约束之间并行不悖的建构功效。

2.3.2 动态能力理论视角下科技企业孵化器动态学习的理论分析

动态能力理论的观点指出，集成、构建和重新配置内部和外部资源以及应对迅速变化的环境是企业获取持续竞争优势的关键所在。蒂斯（2007）进一步将动态能力分解为感知和识别机会与威胁的能力、把握机会的能力以及应对危机的重组能力。其中，感知和识别机会与威胁的能力具体体现在企业引导内部研发，识别外部技术变化、消费者需求和市场细分的变化以及引导上下游企业进行创新的能力；把握机会的能力主要是指为客户提供解决方案、创建新业务形态、合理确定组织边界以及建立组织文化的能力；应对危机的重组能力包括战略匹配、知识管理、学习和创新能力[②]。企业主要通过两种途径来运用动态能力创建、拓展或重构其资源基础：其一，企业通过R&D 的内部研发创造新产品、新服务或引入新技术，从自身角度实现熊彼特所说的"创造型破坏"；其二，与外部组织开展合作获取新的资源（Helfat

---

① 祝振铎，李新春. 新创企业成长战略：资源拼凑的研究综述与展望 [J]. 外国经济与管理，2016，38 (11)：71 – 82.

② 苏志文. 基于并购视角的企业动态能力研究综述 [J]. 外国经济与管理，2012 (10)：48 – 56.

et al.，2007），动态学习作为一种组织间合作的有效战略选择可以实现价值共创和价值增值。探索性学习、转化性学习和开发性学习的三维学习机制可以大幅度提升企业获取更好市场机会和更高附加价值资源的能力，进而挣脱组织惯性和知识黏性的桎梏，持续性更新组织学习行为和组织惯例。科技企业孵化器对外部知识的吸收、获取和搜索对孵化能力和孵化服务的创新具有至关重要的影响。创新成本的增加以及技术知识的迅速切换导致科技企业孵化器难以依靠自身能力与知识维持创新，通过组织学习而展开组织间协同行为和活动已经成为技术迅速变革与转变的超竞争环境下的新常态。跨越组织边界进行动态学习成为科技企业孵化器获取外部异质性能力与知识的重要战略路径，同时解决孵化器在开放式创新背景下由目标、任务等多重复杂情境引致的创新"模糊性"。动态学习战略赋予了科技企业孵化器一系列可选择优势，例如发现多元化的异质性资源、寻找最佳孵化模式、运行更好的组织结构、高效配置孵化资源和方法、识别机会以及获取技术先行者优势等，不同的孵化路径或战略促使科技企业孵化器形成不同的组织学习模式，即探索性学习、转化性学习和利用性学习。探索性学习是指企业从外部获取知识；转化性学习是指企业维持知识时效性，是探索性学习与利用性学习的"桥接器"；利用性学习是指企业对外部获取知识的应用。上述三维动态学习机制对科技企业孵化器生成动态能力、实现创新孵化绩效具有至关重要的实践价值。

2.3.3　组织间关系理论视角下科技企业孵化器网络编配的理论分析

社会逻辑观亦谓关系观，其理论渊源可以追溯到新古典经济学派的代表人物马歇尔所提出的外部经济原理（principles of external economies）以及基于行为交换理论和结构交换理论发展起来的社会交换理论。社会逻辑观的核心观点认为，企业间的合作关系本质是一种基于与外部组织长期、稳定和重复的社会交换而形成的关系式交易。组织间合作的核心是关系交易，合作重点是长期导向，合作基础是以信任、承诺、互惠互利为基础的关系资本，合作支点是组织间关系质量和关系强度。故而，组织间关系可以理解为一种以长期关系为导向、以共赢共享为结果的经营理念。麦克维利和扎希尔（McEvily & Zaheer，1999）明确指出，企业可以通过与外部组织构成的组织间网络获取价值性信息、捕捉新的商业机会、维持持续竞争优势。社会资本理论和社会网络理论的观点认为，企业通过外部组织间网络与供应商、分销商、竞争对手等主体实现资源互补与知识共享是企业绩效提升的核心要素①。战略管理领域的研究成果已经证明，企业对外部知识的储存能力直接决定其绩效水平，为了最大限度地从外部网络获取价值性知识，企业对外部组织间网络的管理、控制、协调和利用的能力显得尤为重要②③。社会逻辑观视阈的科技企业孵化器聚焦于在孵企业通过孵化器的关系嵌入网络与外部组织构建复杂的网络关系以获取外部价值性资源。网络编配作为一种正式契约机制的辅助机制为企业建立、维系并利用各类合作伙伴关系的知识和技能提供了强有力的理论支撑④。科技企业孵化器创新孵化是一个动态演变过程，是创新结果与现有知识交叉融合而形成的非连续和非线性的"双非"创新过程⑤，创新孵化独有的高交互性与高协同性的典型特征促使科技企业孵化器聚焦于创新网络合作惯例和关系管理规则的设计。网络编配能力成为科技企业孵化器可以有效利用的推动创新网络进化发展的重要战略手段，同时网络

① Angel S., Jose M. H. G., Geert D., et al.. The value for innovation of inter-firm networks and forming alliances: A met-nalytic model of indirect effects [J]. Computers in Human Behavior, 2016 (64): 285 – 298.

② Kale P., Singh H.. Building firm capabilities through learning: the role of the alliance learning process in alliance capability and firm-level alliance [J]. Strategic Management Journal, 2007, 28 (10): 981 – 1000.

③ Heimeriks K., Duysters G.. Alliance capability as a mediator between experience and alliance performance: An empirical investigation into the alliance capability development process [J]. Journal of Management Studies, 2007, 44 (1): 25 – 49.

④ Jifke S., Pieter J. B., Arjen E. J. W.. Social learning in regional innovation networks: trust, commitment and reframing as emergent properties of interaction [J]. Journal of Cleaner Production, 2013, 49 (6): 35 – 43.

⑤ 唐青青，谢恩，梁杰. 知识库与突破性创新: 关系嵌入强度的调节 [J]. 科学学与科学技术管理，2015，36 (7): 21 – 29.

编配能力能够催化寓于创新网络中的分散、碎片化的创新资源跨越组织边界限制进行高效流动和转移，解决网络经济与学习经济双重嵌入背景下由复杂性需求和技术变革加速等多重动荡环境引致的创新"模糊性"问题①。资源基础理论的观点锻造了科技企业孵化器创新孵化的内部骨骼，组织学习理论的观点赋予了科技企业孵化器创新孵化血肉之躯，而组织间关系理论为科技企业孵化器创新孵化提供了支配骨骼和血肉联动的复杂神经系统。

---

① Per E. E. , Pankaj C. P. , David R. S. . Managing interorganizational innovation projects： mitigating the negative effects of equivocality through knowledge search strategies ［J］. Long Range Planning, 2016, 49 (6)： 691 – 705.

第 3 章

探索性案例研究

通过第 1 章绪论和第 2 章理论分析两部分内容的阐述，本书初步形成了"搜索—学习—网络"视阈下科技企业孵化器创新孵化内聚机理与耦合路径的基本理论认识。基于现有研究成果和理论演绎，我们认为，在中国的全链条孵化生态模式下，"搜索—学习—网络"多重理论视角机理分析是对科技企业孵化器创新孵化跃迁具有决定性意义的关键引致因素，与此同时，"搜索—学习—网络"多重理论科技企业孵化器创新孵化关键权变因素的综合分析有利于处理信息不对称和模糊性的孵化需求，为科技企业孵化器提供了一个非常适当、有效的路径、工具和机制，是创新孵化跃迁的重要驱动因素。然而，纵观当前的研究成果，创新孵化的相关研究都还停留在内涵描述、现象归类、理论关系分析和建立等初级阶段。故而，本章将在前两章的理论基础上，针对上述问题从大量调查案例中选择三个具有典型意义的科技企业孵化器创新孵化实践案例展开深入的探索性案例研究，一方面总结与归纳科技企业孵化器通过"搜索—学习—网络"不同维度的孵化要素配置提升创新孵化绩效的典型路径和模式；另一方面试图建立科技企业孵化器资源整合、动态学习及网络编配对创新孵化绩效的影响机理及其内在机制，提出相关研究命题，为后续概念模型构建和实证研究"添砖加瓦"。

3.1　案例研究方法概述

3.1.1　案例研究方法

案例研究（case study）一直是管理理论构建（theory development）和理论改进（theory improvement）的重要研究方法[1][2]，作为社会科学研究中一种重要的研究策略是通过特别的案例设计逻辑、特定的资料收集方式，基于一项事实或一组事件进行针对某个问题或一连串问题的系统、科学和完整的研究方法。艾森哈特（Eisenhardt，1989）研究指出，案例研究方法可以有效突破现有研究成果和经验主义的局限，以更好地匹配当前全新社会科学研究、经济管理以及全新的理论建构。尹（Yin，1989）研究认为，案例研究作为以参考现有理论为基础，综合运用多种资料调查社会实践中现象的实证研究方法，其适合回答"如何改变的（how）""为什么变成这样（why）"以及"结果如何（what）"等问题。此外，案例研究能够对案例进行厚实的描述与系统的理解，而且对动态的互动历程与所处的情境脉络加以掌握，从而获得一个较全面的、整体的观点（Gummeson，1991）。根据研究目的的差异性，一般将案例研究归结为探索性案例研究（exploratory）、描述性案例研究（descriptive）以及因果性案例研究（casual）三种（Yin，1994）。探索性案例研究是指当研究者对于个案特征、问题性质、研究假设及研究工具不是很了解时所进行的初步研究，以奠定正式研究的基础；描述性案例研究是指研究者对案例特征与研究问题已有初步认识，而对案例所进行的更为仔细的描述与说明，以提升对问题的认识；因果性案例研究是观察现象中的因果关

---

① Yin, R. K. Case study research: Design and methods（3rd Edition）[M]. Thousand Oaks, CA: Sage, 2003.

② 李茁新，陆强. 中国管理学案例研究：综述与评估 [J]. 科研管理，2010（5）：35 – 44 + 101.

系，以观察不同现象间的函数关系（陈晓萍、徐淑英和樊景立，2008）。三种案例研究方法的主要目的以及研究侧重如表3.1所示。

表3.1   **案例研究方法**

案例研究类型	主要目的	研究侧重
探索性案例研究	寻找对事物的新洞察，尝试用新的观点去评价现象	提出假设
描述性案例研究	对人、事件或情景的概况作出准确的描述	描述事例
因果性案例研究	对现象或研究发现进行观察、归纳，对相关性或因果性的问题进行考察	理论检验

资料来源：陈晓萍，徐淑英，樊景立．组织与管理研究的实证方法［M］．北京：北京大学出版社，2008.

本章的主要目的是分析在中国的孵化情境下，科技企业孵化器如何有效提升多主体、多要素和多维度的创新资源获取效果和效率，明晰科技企业孵化器"搜索—学习—网络"理论框架的构成要素及作用路径，并探究"搜索—学习—网络"理论框架下的权变因素对创新孵化绩效的作用机制。研究范畴属于在现有研究基础上的补充与拓展，故而，基于理论构建的探索性案例研究适用于本书研究。

3.1.2 案例研究步骤

案例研究的实施具有一定的程序，尽管学界对于案例研究的步骤没有形成一致的观点，案例研究的步骤也并不是一成不变，但是案例研究仍然具有其一般实施步骤，其根本目的是使得案例研究的整个过程的每个步骤都在严格的控制下进行，尽可能避免研究人员的随意性和主观性[①]。根据艾森哈特（1989）的架构，案例研究步骤可以划分为启动、研究设计与案例选择、研究工具与方法选择、资料收集、资料分析、形成假设、文献对话及结束八大步骤，并可具体归结为准备阶段、执行阶段和对话阶段三个部分（如表3.2所示）。

---

① 毛基业，张霞．案例研究方法的规范性及现状评估［J］．管理世界，2008（4）：115－121.

表 3. 2　　　　　　　　　　　　　**案例研究的步骤**

步骤	活动	原因
准备阶段		
启动	界定研究问题； 找出可能的前导观念	将努力聚焦； 提供构念测量的良好基础
研究设计与案例选择	不受限于理论与假说，进行研究设计；聚焦于特定群体；理论抽样，而非随机抽样	维持理论与研究弹性；限制额外变异，强化外部效度；聚焦于具有理论意涵的案例
研究工具与方法选择	采用多元资料收集方法；精制研究工具，掌握质化与量化资料；多位研究者	透过三角验证，强化研究基础证据的综合；采纳多元观点，集思广益
执行阶段		
资料收集	反复进行资料收集分析；弹性随机应变式资料收集方法	随时分析调整资料的收集；帮助研究者掌握浮现的主题与独特的案例
资料分析	案例内分析；采用发散方式，寻找跨案例的共同模式	熟悉资料进行初步理论建构；通过各种角度查看案例
形成假设	针对构念进行证据连续复核；横跨各案例的逻辑复现，寻找变项关系的原因或"为什么"之证据	精炼定义、效度和测量；证实、引申及精炼理论，建立内部效度
对话阶段		
文献对话	与矛盾文献相互比较；与类似文献相互比较	建立内部效度，提升理论层次并强化构念定义，提升类推能力，改善概念定义及提高理论层次
结束	尽可能达到理论饱和	当改善的边际效用越来越小时，则结束

资料来源：根据艾森哈特（Eisenhardt, K. M., 1989）以及陈晓萍、徐淑英、樊景立（2008）的研究整理得到。

此外，资料分析是案例研究的核心环节，研究者要小心谨慎地遵循资料分析的研究程序，对案例资料进行细致的分析。简单来说，案例资料分析包括以下几个步骤：（1）建立文本（text）；（2）发展编码类别（categories）；（3）指出相关主题（themes）；（4）资料聚焦与检定假设；（5）描绘深层结构。有关案例资料分析步骤与深化历程，具体如图3.1所示。

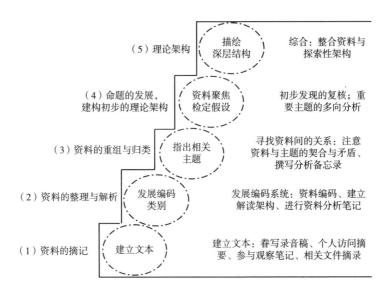

图 3.1　案例内资料分析步骤与深化层次

资料来源：陈晓萍，徐淑英，樊景立. 组织与管理研究的实证方法［M］. 北京：北京大学出版社，2008.

与此同时，艾森哈特（1989）研究指出，在探索性案例研究的过程中，研究者应该通过多案例的形式仔细分析各个案例间的差异点和相同点，以提高研究结论的构念信效度，同时密切关注案例研究中相互矛盾的证据。此外，通过探索性案例研究得出的理论框架应该通过诸如收集大样本数据进行数理统计分析的其他实证研究方法进行检验。

本章以艾森哈特（1989）和尹（2003）的见解为基础，在现有文献梳理与分析的基础上，形成研究命题和研究架构，继而进行案例选择、数据收集以及数据分析，从而得出初始研究假设。

3.2　案例研究设计

3.2.1　研究问题

本书的第 2 章理论分析部分已经对"搜索—学习—网络"的理论基础、

科技企业孵化器创新孵化的生成机理以及"搜索—学习—网络"视阈下科技企业孵化器创新孵化的运作机理进行了系统的回顾、梳理与分析。创新孵化作为创新驱动战略背景下区域创新、自主创新以及产业转型升级的关键战略，提升了新创企业的生存概率、发展速度以及毕业速度。科技企业孵化器作为创新孵化过程的输出体在孵化过程中与在孵企业、孵化网络成员间的互动实现孵化资源高效配置与关系租金的有序流动，继而提升孵化能力、创新孵化服务，促进在孵企业的迅速成长和发展。

从现有文献来看，科技企业孵化器的研究主要以发展机制（侯合银和葛芳芳，2013）、运行模式（吴瑶和葛殊，2014）、绩效评价（Bergek，2008；徐菱涓和王正新等，2009）等理论研究为主。也有文献从制度变迁（翁建明，2008）、发展路径（李伟杰和刘婷，2014；王国红和王慧静等，2014）、价值扩张（陈颉和李娜，2013）等角度对科技企业孵化器的路径模式加以研究和探讨。近年来，有少数文献对科技企业孵化器服务创新绩效的影响因素（林德昌和廖蓓秋等，2010）、编配能力（毕可佳和胡海青，2017）、社会资本（Matlala，2013；陶秋燕和孟猛猛，2017）、孵化模式创新（刘刚和李强治，2014；Cirule & Maria，2017）进行探讨。总体来看，现有研究成果以定性研究为主，系统的定量研究匮乏，多为从单一角度对科技企业孵化器发展模式、绩效等方面进行探讨，忽视科技企业孵化器在协同创新过程中组织间创新要素处于封闭、孤立和分散状态的现实以及科技企业孵化器面向市场以及历史演进的现实情境，对于如何解决科技企业孵化器协同创新实践中的单一"保姆式"服务、如何提升服务能力、如何构建多元化孵化模式等问题没有给出明确的答复。

"搜索—学习—网络"视阈下科技企业孵化器创新孵化的跃迁路径主要围绕资源基础、动态能力和组织间关系几个方面展开，而搜索、学习和网络是孵化合作开展的前提，因此，科技企业孵化器创新孵化跃迁聚焦于资源整合、动态学习、网络编配。从资源基础理论到动态能力理论再到组织间关系理论，"搜索—学习—网络"的理论研究范式为本书探究科技企业孵化器创新孵化内聚机理与耦合路径提供了坚实的理论支撑。

　　创新孵化合作具有知识密集性、系统集成性和控制复杂性等特点，孵化合作的本质是科技企业孵化器的先验性创新要素与孵化网络成员异质性创新资源的有机结合。孵化网络成员的创新要素杂乱无章地分布在科技企业孵化器外部，由外部组织所拥有，只有通过与寓于孵化网络中的参与主体间的不断互动才能获取，因此，多元主体参与的创新孵化过程具有一定的特殊性，有别于其他跨组织间合作的管理。国外诸多学者研究指出，在孵企业的动态性需求亟待科技企业孵化器针对不同的在孵企业提供一对一的定制化服务。一方面，科技企业孵化器为在孵企业的成长发展提供全方位的资源和能力帮扶，不仅在孵化过程中创造使用价值，同时在服务发展、业务流程重组以及服务提供过程中创造附加价值。另一方面，在孵企业处于高速发展和由此衍生的现实需求极大地推动科技企业孵化器针对不同在孵企业的特征开展定制化服务，以满足在孵企业成长过程中的动态需求。此外，科技企业孵化器孵化创新战略的有效性高低与在孵企业能否享受匹配度精准的孵化服务直接相关，创新战略有效性成为与定制化服务同时存在且与孵化能力和孵化服务提升紧密相关的重要战略选择。因此，本书将"定制化服务"和"创新战略有效性"两个调节变量引入"搜索—学习—网络"视阈下科技企业孵化器创新孵化跃迁路径的关系模型中，探讨彼此之间的作用机理（如图 3.2 所示）。

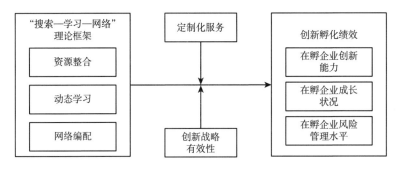

图 3.2 "搜索—学习—网络"视阈下科技企业孵化器创新孵化内聚机理与耦合路径的理论预设

3.2.2　案例选择

案例选择是案例研究中非常重要的一个环节，选择多少案例、何种类型直接影响案例研究的信度和效度。艾森哈特（1989）和尹（Yin，2003）研究指出，多案例研究与单一案例研究相比，能更好地提高研究效度和研究结果的普适性。案例研究中最大的质疑就是单个案例不足以提供一般化的结论（毛基业和张霞，2008），一般而言，归纳中使用原始案例的理想个数是 3 ~ 10 个。因此，本章采用了多案例的研究方法进行探索性分析，多案例研究可以使研究人员更好地考察各变量之间的紧密联系，并基于对多个案例的深度分析和规律得出合理的研究结论。考虑到"搜索—学习—网络"视阈下科技企业孵化器创新孵化的理论框架及典型特征，最终选取了从事创新孵化的三家科技企业孵化器作为探索性案例研究的对象，具体选择标准如下所示：

（1）为了确保选取的案例与研究主体匹配，本章根据科技企业孵化器创新孵化的嵌入性、协同性和动态性的典型特征，特别选取了具有代表性的科技企业孵化器，以保障案例选择的合理性。

（2）为了降低案例研究的差异性，本章将案例企业限定在孵化器运行比较成功的科技企业孵化器，特别是近年来孵化产业发展迅速的江苏省的孵化器。

（3）为了保证案例研究的代表性，本章选择的案例企业具有一定的行业分散度，既有领军型企业，又有成长型企业，其所在行业包括系统集成、产品研发、动漫设计和生物医药等方面，达到多重验证的效果，同时兼顾了信息的可得性和企业的代表性。

3.2.3　数据收集与编码

3.2.3.1　案例数据收集

案例研究通常采用多元方法进行数据采集和资料搜集，这些方法除了一般的量化方法之外，大多包含各种质化方法（De Vaus，1996），质化方法通常包括深度访谈、直接观察和文件调阅等方式（Patton，1987）。由于这三种数据收集方法各有利弊（如表3.3所示），所以案例研究兼采各种方法来搜集资料，以取长补短，产生综合效果。此外，案例数据收集同样遵循一定程序，根据尹（2003）的研究成果，本章的案例数据收集主要按照以下原则实施。

表3.3 　　　　　　　　　　**资料搜集的三种基本方法优缺点比较**

步骤	活动	原因
访谈	目的清楚，能呼应研究主题； 可以获得深度的解释	重要文件不容易取得； 不完整时会有偏颇； 可能反映原作者的意见； 被访谈者的回忆偏误或迎合
观察	可以看到直接而即时的事件； 能查看事件发生时的情境； 对人际行为与动机深刻了解	费时费力； 选择性的情境可能偏颇； 介入的影响
文件/档案	可以重复检视； 不介入案例活动； 明确的资料与清楚的细节； 范围广泛，横跨各种人、事、时、地、物	问题不佳时易产生偏误； 使用权会受到限制

资料来源：根据尹（1994）和陈晓萍、徐淑英、樊景立（2008）研究整理得到。

（1）采用多元方法收集数据，以提高案例研究的效度。案例中主要的访谈对象是科技企业孵化器的中、高层管理人员以及技术管理部门、项目管理部门等的主管人员。在深度访谈过程中，先对资源整合、动态学习和网络编配等关键要素的概念进行阐释，然后由科技企业孵化器的项目部主管介绍其孵化合作流程。在了解孵化合作过程后，对符合本书研究的样本再进行深入访谈和问卷调查。深度访谈后，还通过电话、E-mail、MSN、QQ或再次会面等多种形式进行重复沟通，以补充和完善相关信息。此外，本章还通过直接索取、浏览企业网站、查看企业宣传手册、阅读企业年度报告和新闻报道等公开信息，对企业的二手资料进行收集和整理，以丰富案例研究的资料。

（2）构筑案例资料数据库，记录和整理资料，以提高案例研究的信度。

案例资料数据库包括案例深度访谈笔记、录音，搜集到的与案例研究相关的视频、语音或文档资料等，以及通过对案例企业的调研所形成的文字叙述、表格和分析材料等。在深度访谈准备阶段，先从网络和平面媒体等收集案例企业相关的公开资料，掌握企业当前发展现状及战略阶段，访谈时，在征得被访谈者同意后，对访谈过程进行实时录音和笔录，并在访谈结束后的 24 小时以内，及时、准确地整理和分析访谈记录。此外，还向被访谈者和有关部门负责人索要企业宣传材料和内部资料。与此同时，将收集到的资料统一归档到案例资料库，进行分类和编码，以备下一步资料分析之用。

（3）运用搜集到的案例资料构建证据链。在案例数据资料整理和分析的基础上，按照本书的理论模型和研究架构进行深入分析，对研究问题进行锤炼和考证，继而得出结论。本章的案例企业资料来源、访谈时间、访谈对象、文档资料及观察方式等具体情况如表 3.4 所示。

表 3.4 案例企业资料来源

调研企业	深度访谈		文档材料	观察方式
	时间	对象		
海南自由贸易港生态软件园（SC）	2021 年 1 月~2022 年 12 月	公司总经理、项目部总经理、技术规划部经理	企业内部资料、杂志、企业网站、中国孵化器网、江苏孵化在线	座谈，时间一般为一上午；实地考察；与孵化项目部员工进行非正式交流
海口复兴城互联网信息产业园（FX）	2020 年 5 月~2022 年 1 月	公司副总经理、项目部副总经理、技术部主任	企业内部资料、杂志、企业网站、中国孵化器网、江苏孵化在线	座谈，包括孵化项目组创业主管、技术人员；实地考察
三亚深海科技城（KJ）	2021 年 4 月~2022 年 12 月	公司总经理、项目部副总经理、技术部副主任	企业内部资料、杂志、企业网站、中国孵化器网、江苏孵化在线	与项目部总经理、技术部副总和相关人员多次正式交流

3.2.3.2 数据编码

本章遵循探索式研究方法的编码思路，对案例园区访谈获得数据进行开放式编码分析。具体操作分为三个步骤：第一步，对三个案例园区分别实现独立编码，以本书研究建构的"资源整合—动态学习—网络编配"的理论框架为基础，梳理出各个概念间的逻辑顺序和关系；第二步，遵循复制逻辑凝练、对比和检验三个案例编码后的结果，并绘制相应的图表进行比较分析；第三步，根据建构理论和编码数据的轮换，进行案例分析结果讨论，并通过反复研讨等方式管控研究过程和讨论结果的偏差性[①]。具体的一级编码如表3.5所示。

表3.5   **案例数据的一级编码**

资料来源	数据分类	编码		
		SC	FX	KJ
一手资料	深度访谈获取	A1	B1	C1
	半结构化访谈获取	A2	B2	C2
	现场参观获取	A3	B3	C3
二手资料	园区或高新区网站获取	a1	b1	c1
	领导讲话、新闻、宣传纪录片等获取	a2	b2	c2
	内部的档案、年鉴、报刊等获取	a3	b3	c3

3.3   案例简介

3.3.1   海南自由贸易港生态软件园[②]

海南自由贸易港生态软件园[③]（HaiNan Free Trade Port Resort Software

---

① 谢康，吴瑶，肖静华，等. 组织变革中的战略风险控制——基于企业互联网转型的多案例研究 [J]. 管理世界，2016（2）：133–148.

② 资料来源：笔者根据海南生态软件园官网资料整理得到（https://www.rschn.com/zh/sin-dex）。

③ 以下简称SC。

Community），又称海南生态软件园，位于海南省澄迈县老城镇，是"海南省文化产业重点项目和文化产业示范园区"，被工信部等部委认定为"国家级新型工业化产业示范基地"，被科技部等部委认定为"国家级科技企业孵化器"。作为海南"一岛一区两园"省级发展战略重要组成部分，海南生态软件园是"十二五"期间把高新技术产业培育成支柱产业的重要平台。园区规划控制面积 3000 亩，坐拥海南得天独厚的自然生态环境，根据"三生态""四平台""特色产业布局"发展思路，重点发展软件与信息服务、服务外包、数字文化创意、互联网技术（IT）培训等产业，打造颇具特色的生态微城市。自 2011 年以来，入园企业数达到 362 家，中科院云计算中心、印度 NIIT、中软、长城信息、久其软件、展创光电等企业落户园区。入驻工作人员超 4000 人，园区建设初具规模，2013 年园区实现产值 93.3 亿元，2016 年园区实现产值 230 亿元，贡献入库税收 11.2 亿元。

2014 年 11 月 1 日，由海南生态软件园与腾讯共同携手打造的海南省首家以互联网游戏、动漫产业为主导方向的开放式创业平台"腾讯创业基地（海南）"正式启动，启动当天即有来自全国各地的 148 家企业集体与海南生态软件园签约入驻园区及腾讯创业基地（海南），共同开启互联网创业免费时代。2019 年 7 月，海南生态软件园荣获全国模范劳动关系和谐工业园区。2020 年 4 月，海南生态软件园入选国家数字服务出口基地。在海南自贸港背景下，园区定位数字贸易策源地、数字金融创新地、中高端人才聚集地，重点发展"一区三业"，即创建国家区块链试验区，用区块链等技术赋能数字文体、数字健康、数字金融等产业。包括国内行业头部在内的超过 12000 家企业入园，吸引了一批来自牛津大学、麻省理工学院、清华大学、北京大学等优秀的科学家和工程师，形成了区块链等数字技术的集聚。

"在公园里工作，在生活中创新"。园区建设优美的花园办公环境，为产业人才打造集工作、居住、教育、商务、休闲等于一体的"微城市"功能配套。iSchool 微城未来学校、微城剧场、图书馆、体育馆、医疗等配套设施均已完善，投资 20 亿元与北京十一学校战略合作的 iSchool 微城未来学校以孩子为中心，培养"自信、自律、自由"的未来人，成为吸引和留住中高端人才的重要载体。"幸福的城市，城市的幸福"，园区已经成为海南自由贸易港产城融合发展的样板和标杆。海南生态软件园一期已建成，当前正按照"以人为本"的规划理念高标准建设二期，打造基于技术驱动的未来城市生活新模式，兼顾进驻人才的个人事业、子女教育、父母养老三代人的需求满足，真正实现人才对美好生活的向往！

从海南自由贸易港生态软件园的成功经验来看，一方面海南自由贸易港生态软件园不断完善孵化功能，提升孵化水平，在提供办公空间、企业服务超市、人类资源服务、社群服务的同时，积极与国内外高水平科研院所、机构以及高层次创业人才进行沟通，倾听其需求和创业理念，设立专人定期走访企业，了解企业的需求和愿景；另一方面提供创享帮、定制化服务等，并通过生活配套、商务配套、教育配套等服务配套措施的集聚为在孵企业和寓于其中的相关人员搭建了良好的生活、商务、教育服务平台，促进行业内外的沟通交流，如果涉及行业外的企业，海南自由贸易港生态软件园利用海南自由贸易港的政策红利以及自身网络资源再构建新的交流平台，通过组织间合作的方式解决在孵企业的创业需求。

3.3.2　海口复兴城互联网信息产业园[①]

海口复兴城互联网信息产业园（FX）是在 2015 年国家提出"互联网＋"和"大众创业、万众创新"国家战略的大背景下，通过"省、市、区三级政府＋民营企业"模式启动共建的产业园区，是海南自由贸易港 11 个重点园区之一，是自由贸易港政策的主要承接地和先行先试的孵化器，是以数字贸易、智能物联、金融科技和国际创新四大产业链为主导的数字经济产业专

---

① 资料来源：笔者根据海口复兴城互联网信息产业园官网资料整理得到（http：//www. fulls-ing. cn/）。

业园区。

海南复兴城产业园投资管理有限公司（以下简称复兴城）是海南省知名产业投资及园区运营管理企业，注册资本 1.9 亿元，拥有各类员工五百余人，年综合产值过 10 亿元。助力海南自由贸易港经济建设，公司以"产业生态运营商""城市综合服务商"为定位，目前已发展为拥有房地产开发、商业运营、物业管理、产业投资、酒店餐饮和基金管理等多种产业板块的集团化公司。

海南复兴城产业园投资管理有限公司是海口复兴城互联网信息产业园的运营公司。公司致力于打造"国际水平、海南特色、面向未来"的海南自贸港重点产业聚集地。依据"互联自贸、产业强省"的发展愿景，顺应城市发展方向，在为城市提供优产业载体的基础上，将以高端人才为导向的发展作为需求，积极满足商业、文化、旅游等配套设施需求，向城市产业投资运营商转变，积极寻求和拓展新的机遇。

园区分为一区复兴城互联网创新创业基地和二区复兴城国际数字港。一区复兴城互联网创新创业基地位于滨海商业圈的万绿园、世纪公园、滨海公园三园交汇核心位置，占地 78.6 亩，建筑面积 8 万平方米，重点打造科技创新集聚区和互联网产业生态链。二区复兴城国际数字港位于海口文体和行政生活圈的西海岸南片区，规划面积 256.8 亩，总建筑面积约 90 万平方米，计划总投资 100 亿元，整体定位于打造自贸港制度集成创新先行区、数字经济总部集聚区、国际数据服务示范区。园区先后被认定为国家文化出口基地、国家海外人才离岸创新创业基地、国家级科技企业孵化器、全国创业孵化示范基地、国家中小企业公共服务示范平台，并于 2022 年挂牌中国（海南）人力资源服务产业园海口分园和中国（海口）留学回国人员创业园两个国家级园区。园区目前集聚了阿里巴巴、字节跳动、小米集团、施耐德、特斯拉等世界 500 强企业，2021 年因营业收入跻身"千亿元俱乐部"，在 2021 年度海南自由贸易港 11 个重点园区考核评价中排名第二。

3.3.3 三亚深海科技城①

三亚深海科技城（以下简称 KJ）位于三亚市西部崖州湾，总占地面积为 15.6 平方千米，统筹运营管理包括深海科技城和南山港两大板块，是海南省、三亚市、招商局集团落实国家自贸区战略和海洋强国战略，合作建设打造的海南省先导性重点项目，是中国新一代深海经济创新活力示范区，也是继蛇口、前海之后，招商局集团"前港—中区—后城"模式在自贸区港的又一创新实践。三亚深海科技城为政府提供建设管理服务近 30 个，房建在建面积超 100 万平方米，市政项目在施里程超 30 千米，包括：崖州湾科技城封面形象代表作——产业促进中心、重大科研平台——深海科技创新公共平台；民生类如科教城安置区一期；基础设施类如崖州湾科技城中学、幼儿园、市民健身中心、滨海公园等；路网类如市政道路建设等。

三亚深海科技城围绕"深海"这一主题，构建"产学研"深度融合的国际化产业生态体系，重点发展深海装备、海洋牧场、海洋能源、海洋生物医药、海洋公共服务等产业，同时配套发展海洋体验经济产业、生活配套产业和现代服务业。项目以深海科技产业生态为核心，以技术创新和政策创新为驱动，以产学研深度融合和港区城协同发展为特色，致力于集聚全球深海科技创新资源，建设国家深海基地南方中心，打造宜居、宜业、宜创的国际化滨海产业新城，成为海南自贸港建设的"深蓝名片"和国际深海产业新标杆。围绕深海科技产业发展目标，以"研究院＋研究生院"为主要方式，引进了上海交通大学、浙江大学、中国海洋大学、中国农业大学、武汉理工大学等 11 所高水平科研机构和高等院校，形成产学研一体化服务和创新创业与成果转化平台。

近年来，三亚深海科技城相继引进多家高水平科研机构和包括上海交通

---

① 笔者根据三亚深海科技城官网资料整理得到（https://www.gazhou-bay.com/）。

大学、浙江大学、中国海洋大学等在内的多所高等院校，形成产学研一体化服务和创新创业与成果转化平台。以科技创新驱动为导向，积极推动海洋企业、科研机构及高等院校联合建设深海研究与装备技术创新联盟，就重大关键性、基础性和共性技术问题进行系统化、配套化和工程化研究，加快先进技术和实用产品的推广应用。引入签约近 200 家单位，包括：上海交通大学、武汉理工大学、中国海洋大学、浙江大学、哈尔滨工程大学等涉海龙头高校；中科院深海所、中科院南海所、中国地质调查局、国家化合物样品库等国家级科研机构；中国船舶集团、哈电集团、招商工业等央企；上海电气、科大讯飞等行业龙头企业；山东东宝重工、山东未来机器人、海南卫星海洋应用研究院等涉海企业。为提升三亚深海科技城建设的人、才、智、力支撑水平，三亚深海科技城积极引进院士及其核心团队落地园区，充分发挥人才的关键作用，搭建高科技人才聚集地，贾银锁院士工作站、朱健康院士工作站、曹晓风院士工作站、李松院士工作站、范云六院士团队创新中心、邹学校院士团队创新中心等院士团队已入驻科技城。

三亚深海科技城致力打造"一中心四平台"服务体系。"一中心四平台"服务体系深入洞悉企业需求，创新企业服务方式，拓宽企业服务渠道，提升企业服务实效，为海南自贸港建设、园区高质量发展培育"专精特新"中小企业，助力科技创新，推动自主成果转化（哈工程南海创新发展基地150 余项深海科技专利进行挂牌交易等）。一个中心指的是一个极简审批中心，承接43 项省级行政审批事项、79 项市级审批事项，由综合服务窗口集中一窗受理、限时一章办结，真正实现"三减两加"。四个平台即科技创新服务平台、特色城小二管家式服务平台、产业发展协会平台、金融服务平台。首先是科技创新服务平台，由工商、财税、法律、融资、知识产权、人力资源等第三方服务企业组建，满足企业日常经营所需。其次是有特色城小二管家式服务平台，提供一对一政策咨询、场地租赁、生活服务等全方位、管家式的入住服务；并且推出产业发展协会平台，联合众多入园企业设立，为企业提供资源对接、活动组织、市场推广等服务，以促进深海科技城产业生态的协同联动。最后针对入驻企业开设金融服务平台，构建集创业投资、科技银行、信贷担保、融资租赁等为一体的金融服务网络，破解企业融资难题。设立了中国（三亚）知识产权保护中心（以下简称三亚保护中心），建立专利快速审查、确权、维权"绿色通道"。中国（三亚）知识产权保护中心是国家知识产权局在海南自由贸易港批复建设的首家保护中心。注册地在三亚，科研院所、高校、企业等创新主体可提前在三亚保护中心进行备案。备案成功后，符合技术领域分类号的专利，经三亚保护中心预审合格，即可进入国家知识产权局快速审查通道。

3.4 案例分析与路径模式

3.4.1 "搜索—学习—网络"视阈下创新孵化的维度

根据科技企业孵化器创新孵化具有嵌入性、协同性和动态性等特点，本章从资源整合、动态学习和网络编配三个层面来考察"搜索—学习—网络"视阈下创新孵化的维度。资源整合关注科技企业孵化器为了实现孵化能力和孵化服务预期目标而需要执行的资源组合配置和协调活动。动态学习体现科技企业孵化器为高效、高质地完成孵化服务与服务能力的提升而展开的促进孵化网络成员组织之间显性和隐性知识的交流、共享、转移和整合的具体活动和控制机制，其目的是优化孵化要素的转移、创造及共享过程。网络编配反映了科技企业孵化器对于与外部孵化网络中的组织建立长期的合作关系和增进彼此的信任而采取的沟通机制、架构，以促进多方在信息、共享、价值和愿景方面的高度沟通。研究结果显示，各案例孵化器与孵化网络成员之间的互动均与资源、学习和网络三个维度紧密相关。

3.4.1.1 资源整合

资源整合体现关注科技企业孵化器为了达到外包业务预期目标而需要执行的步骤和协调活动。在本章的案例研究中，3家科技企业孵化器（SC、FX

和 KJ）运用的资源整合包括知识的积累、获取和整合，这些价值性知识涉及信息资源使用权限、在孵企业业务流程系统、OA 系统、企业内部资料（期刊，专利、论文和学术报告、文摘等）。

在项目小组进行调研的过程中了解到，本章涉及的 3 家案例企业（SC、FX 和 KJ）在孵化过程中均遭遇过"资源困境"。SC 和 FX 的孵化项目负责人及相关人员曾表示："我们的孵化项目团队成员具有丰富的孵化知识和实战经验，但对在孵企业独特的业务流程知识的认知往往存在一定障碍，因此，有时候难以将这种独特的业务流程知识全部整合到孵化服务当中。此外，我们孵化的来自国外求学归来的海归创业者，存在文化认同与价值观的差异，不同在孵企业的团队成员的工作方式和思维模式等难以达成一致。在创新孵化过程中，孵化项目团队成员会对某一问题的认知产生完全不同的看法和理解，有时甚至会产生激烈的冲突。故而，不对称的知识结构和文化差异，有时会给我们的资源整合带来一定的困境。"

而案例企业 KJ 相关负责人在谈到孵化合作中的孵化资源流动问题时表示：由于技术资源和技术诀窍均黏附在孵化网络成员的各个团队成员身上，难以考察和评估，也不容易转移和共享。从一定意义上来说，这些孵化资源是隶属于个人的"私人知识"，而其他个人会因知识壁垒、专业基础等因素而难以完全认知和识别这些隐性的"宝贵私人知识"。特别是在我们与孵化网络成员之间的互相信任水平不高的情况下，来自外部参与主体的企业的项目成员往往会有意识地隐瞒具有异质性的价值性业务资源，而来自我们在孵企业的创业人员以及孵化器工作人员也会陷入资源约束陷阱。

3.4.1.2　动态学习

动态学习科技企业孵化器为高效、高质的创新孵化服务而展开的促进孵化网络成员间显性和隐性创新要素的转移、共享以及整合的具体活动和运行机制，其目的是优化知识转移、知识共享及知识创新过程，而关系管理侧重于追求与发包企业建立稳固的关系属性。在本章的案例研究中，3 家科技企业孵化器（SC、FX 和 KJ）采用的动态学习包括指定的孵化服务挖掘外部知识源获取异质性知识进行孵化创新所体现的差异性。动态学习能够有效降低由于信息不对称、在孵企业需求变更等潜在风险引起的环境改变，能够使孵化器及时掌握在孵企业的需求变化、业务流程调整等细节，有效地促进双方的信息流动，节省和降低孵化器的搜索成本和投入成本。

案例企业 SC 从多个渠道、路径和层面与外部孵化网络组织维持"弱关系"帮助其拓宽技术知识和市场知识获取，极大地增强科技企业孵化器探索性学习。SC 采用的探索性学习主要依靠自身知识搜索深度战略进行广泛找寻，但在开放式创新以及创新迭代速度骤增的背景下为自身发展提供了最大限度的灵活性。

案例企业 FX 通过"强关系"属性的知识搜索深度能够促使其与外部核心创新主体构建以信任为基础的伙伴型组织间关系，以获取必需知识解决创新孵化过程中的模糊性和不确定性问题，FX 通过与外部孵化网络成员的组织间互动，运用转化性学习将寓于外部孵化网络的创新要素逐渐与自身先验性知识结合，创造新知识。

案例企业 KJ 在与孵化网络成员进行孵化合作时发现，过度执行组织学习会令其陷入开放式创新"悖论"，当试图解决自身某个问题时很显然也会将自身的内部隐性知识暴露于与其合作的创新伙伴面前。因此，要通过正式（专利）或非正式（保密）的保护措施防止知识溢出。此外，要想对获取的外部知识实现知识保留和未来的知识激活，与外部创新主体持续性的协作远胜于通过大范围的知识搜索。例如强关系的深度组织间协作主要通过部门研发中心帮助企业内化新知识，帮助企业解决问题或应用新技术，继而提升知识接收者的变革能力和创新能力。

3.4.1.3 网络编配

在本章的案例研究中，3 家科技企业孵化器（SC、FX 和 KJ）无一例外地积极采取了明确的网络编配手段。网络编配能够最大限度地促进孵化器与孵化网络成员（在孵企业、科研机构、高校、众创空间等主体）在知识转移、创新保护和网络稳定等方面的高度匹配，网络编配对于孵化合作双方有条不紊的竞合型合作关系以及深化孵化网络的关系质量具有独特的效果，即便在孵化器与孵化网络成员企业之间出现摩擦甚至产生问题和冲突时，这种"效果"也能保持双方的合作关系不出现"裂痕"。

案例企业 SC 提供的孵化服务包含了信息技术服务等环节，所以 SC 与孵化网络中具有信息技术优势的焦点企业保持了紧密的"社会"接触，而来自孵化网络参与主体的技术团队成员几乎掌握着新在孵企业对于信息技术服务需求的所有核心知识，并对在孵企业的孵化需求有着敏锐洞察力。因此，他们能够和 SC 的孵化项目团队成员分享包括信息产品设计式样、产品信息等各个领域的价值性信息。所以网络编配能力能够帮助科技企业孵化器吸收和利用来自孵化网络中的异质性资源。在外部孵化网络成员参与主体的协助下，SC 得以从电子信息、新材料、新能源等产业为特色领域取得不菲成绩。

案例企业 KJ 的一位孵化项目负责人在谈到与某高校的孵化合作时说道："我们与某高校签订的是一种不完全的隐含契约以确保长期交易关系，这种契约一般是指导性的，并可重新进行谈判。"他还补充道："首先，这个高校与我们的孵化合作关系是模糊的，并没有特别明确地指出；其次，正式契约并不是严格的、密不透风的，有时甚至不会涉及专利转让价格和技术服务工作量；再次，我们的这种合作关系是长期的，如果你得到了一些知识产权，你就知道我们之间的孵化合作是互惠双赢的……在我们与高校的孵化合作过程中，有时甚至还没有签订正式合同，在孵企业的孵化项目已经启动了 1 个月了。"

网络编配在孵化合作中的重要性由此可见一斑。同样拥有外部孵化组织参与孵化合作的案例企业 FX 也非常重视与外部组织建立良好的网络关系，他们的高级管理人员经常与产学研合作组织中同等级别的管理人员进行会面，共同设定生物医药产品和服务的规格、标准和细节。一位来自某科研机构的项目负责人也亲自拜访 FX 的孵化项目管理人员，向其介绍自身单位对于孵化项目的潜力认知和未来发展方向，从而建立起稳固的战略伙伴关系。孵化网络成员共同奋斗的愿景是使 FX 和成员企业之间构建稳固的伙伴型关系，实现双赢。

3.4.2　科技企业孵化器创新孵化绩效

成功是每一个企业孜孜以求的目标，科技企业孵化器孵化服务旨在提升在孵企业成长发展状况和毕业速度，而在孵企业作为孵化合作中的受体，其成长状况、创新能力和风险管控能力是孵化器关注的重点。

例如，SC 和 FX 孵化器中调查的在孵企业是本书研究案例中无论是创新能力还是成长能力都表现非常出色。尽管如此，SC 仍然在孵化合作中尽量控制合作方向来获取和维持竞争优势，与此同时，为了提升孵化服务的质量，FX 在孵化过程中采取严格的孵化项目管理、质量管理和流程管理。与FX 类似，KJ 在孵化合作过程中，建立了由孵化器和在孵企业成员共同组成的管理委员会，下设项目经理全权负责孵化项目的管理，项目经理下设技术领导和功能领导，通过项目管理、质量保证、知识管理和流程管理，最大限度地保证孵化服务质量，继而提升在孵企业的孵化速度。

3.4.3　定制化服务与创新战略有效性

创新孵化具有嵌入性、协同性和动态性的显著特点，孵化服务的设计与开发实际上是在孵企业与孵化器两者的孵化知识与业务流程知识有机结合的产物。但是创新孵化合作过程中的资源流动并不像想象的那样顺畅，各种复杂的因素导致创新孵化合作过程中的资源凝结惰性以及创新战略低效率。正如案例研究分析中 SC、FX 提到的，创新资源自身的不对称性以及结构性无疑会给孵化器的资源配置和创新计划增加了难度，继而影响孵化服务的质量和效果。

例如，一位来自 SC 项目部的技术主管深有体会地回忆道：我们与创新孵化网络成员合作过程中的创新要素具有"公共物品"的属性，我们的项目团队成员与外部组织的项目成员在共享资源的同时，不由自主地担心泄露各自企业的核心知识和削弱竞争优势。因此，来自孵化器和孵化网络的项目成员都会不可避免地对知识有所保留，甚至在项目合作中出现"搭便车"行为，这些行为直接降低了孵化合作中孵化器所整合资源和知识的数量与质量。上述情况在其他案例企业外包合作中同样出现过，只是每个企业面临的情况略有不同，有的是由信息不对称、机会主义行为造成的，有的则是由初次与某个外部组织合作的关系不确定性引发的，总之，孵化合作过程中由创新要素自身的特征引致的孵化服务与孵化流程的低效率和低效果对创新孵化具有很大的影响。

本章通过文献梳理以及集合案例分析的内容，将这种创新孵化合作过程中具有复杂性、结构性、内隐性和专用性特征的资源与在孵企业现实需求的匹配过程，统称为定制化服务。此外，科技企业孵化器根据自身战略目标、行业发展态势以及在孵企业的动态性需求而采取的创新战略运行效率和效果，被统称为创新战略有效性。无论是定制化服务还是创新战略有效性，在科技企业孵化器创新孵化过程中均发挥不可替代的作用。

3.4.4 案例分析信息编码

在对案例数据描述分析的基础上，本章针对各案例企业的现实情况对其资源整合、动态学习、网络编配、定制化服务、创新战略有效性和创新孵化绩效进行了评分，并请被采访人员及专家作出审核和修正，案例企业各项指标的水平使用"很差、一般、高、较高、很高"五个等级从低到高来表示，3 家案例企业的数据分析结果如表 3.6 所示。

表 3.6　　案例企业各变量的汇总与编码

指标	变量	SC	FX	KJ
"搜索—学习—网络"理论视角	资源整合	高	较高	一般
	动态学习	高	较高	较高
	网络编配	较高	较高	较高

续表

指标	变量	SC	FX	KJ
创新孵化绩效	在孵企业创新能力	高	高	较高
	在孵企业成长能力	高	高	较高
	在孵企业风险管理水平	较高	高	较高
创新战略有效性	—	高	高	高
定制化服务	—	较高	高	高

第4章

理论框架与概念模型

　　"搜索—学习—网络"视阈下的创新孵化路径选择有利于处理信息不对称和在孵企业的模糊性孵化需求，为在孵企业成功毕业提供了一个非常适当、有效的路径、工具和机制。对创新孵化绩效的研究多以单一维度为出发点，缺少统一的多重理论建构的理论分析框架，缺乏科技企业孵化器如何通过运行手段获取创新孵化绩效的实证研究。基于此，本章将从理论层面进一步论述"搜索—学习—网络"视阈下科技企业孵化器创新孵化跃迁路径的影响关系，试图用相关的理论模型来解释多维变量之间的影响关系，构建"搜索—学习—网络"视阈下科技企业孵化器创新孵化跃迁路径的理论框架，并提出相应的研究假设和概念模型，以探索"搜索—学习—网络"视阈下科技企业孵化器创新孵化跃迁路径的作用机理。

4.1　理论框架

　　本章以"搜索—学习—网络"视阈下科技企业孵化器创新孵化跃迁路径作为研究主题，研究内容涉及组织行为学、管理学、演化经济学、战略管理、创新管理等多学科语境下的相关概念，单一理论难以支撑理论框架的构建，必须将多重理论交叉融合才能完成。综上，本章尝试糅合系统理论、组织间关系理论、组织效能理论对"搜索—学习—网络"视阈下科技企业孵化器创新孵化跃迁路径的影响关系进行逻辑疏导与理论把脉，明晰复杂情境下本章构建理论框架的逻辑思想和研究预设，以深层次分析"搜索—学习—网络"视阈下创新孵化路径——"资源整合、动态学习和网络编配"三个不同维度对价值平台、创新孵化绩效的作用机理，构建本书研究的理论框架，为后续研究假设和概念模型的提出奠定理论基础。

4.1.1 框架设计的理论基础

4.1.1.1 系统理论

系统理论起源于机体理论，是由被誉为"系统理论之父"的理论生物学家贝塔朗菲（Bertalanffy，1932）提出的，其强调将事物视为整体或系统，关注系统的共性特征，分析系统的一般规律、结构和发展模式等，并运用科学的定量研究方法对系统的功能和作用机理进行详尽的阐述。系统理论的核心观点认为，对事物的考察应基于系统的整体性角度，不仅要单纯地关注事物本身，同时还要聚焦和事物相关的其他部分、层次、功能、外部环境、内在联系等多个方面的相互作用关系。科技企业孵化器创新孵化跃迁过程中强调孵化器内外要素的耦合、多元主体参与的有效协调、多级链条的统一行动等，形成以孵化器为结构洞的创新创业生态系统，"众创空间—孵化器—在孵企业—加速器""产学研合作"等共同参与下的孵化行为和活动凸显出明显的整体性、层次性、平衡性和时序性等系统特征，符合系统理论下的研究范式和研究逻辑，故而，"搜索—学习—网络"视阈下科技企业孵化器跃迁路径研究应遵循"系统—要素—环境"的内在相互关系和变动规律。

4.1.1.2 组织间关系理论

组织间关系的概念最早出现于营销渠道理论当中，经过不断的发展，组织间关系研究得到了经济学、社会学、管理学和博弈论等诸多领域学者的青睐，学者们从不同理论视角对这一问题与现象进行了深入的研究，不同的学术流派在不同的范式基础上阐述组织间关系的形成、管理与结果，极大地推动了组织间关系问题的研究以及知识的传播、积累和创新。美国里士满大学（University of Richmond）战略管理学教授爱尔兰、希特等（Ireland，Hitt et al.，2002）作为组织间关系研究的先行者，对组织间关系理论的发展起到了不可泯灭的作用。从 20 世纪 80 年代初开始，"组织间关系"或"组织间关系网络"已经成为组织领域热烈探讨的课题。组织间关系在形式上既有显性表现，又有隐性表现。组织间关系显性表现体现为具有正式合约的交易关系，如供应合同、代销合同、特许经营和委托研发等；隐性表现体现为情感、文化、友谊、亲缘、地域等关系，而且这些隐性关系具有不可模仿性、路径依赖性和有价值性，是战略性资源的体现。

4.1.1.3　组织效能理论

组织效能一直是组织领域研究的中心议题之一，组织效能是衡量任何一个组织，无论是企业组织还是非营利组织，怎样才可以称得上成功。所谓成功，其具体含义和内容是什么呢？哪些是其不可或缺的要素？以及是何种因素造成组织的成功与失败呢？上述问题均与组织效能（organizational effectiveness）的概念有着密切的联系。组织效能对于不同的人或组织而言具有明显的差异性。"效能"原指事物所蕴含的有效可利用的能量，主要表现在能力、效率、质量、效益四个方面。管理学大师彼得·德鲁克（Peter Drucker）眼中的效能是指选择恰当的目标并将其努力实现的能力。一般而言，组织的目标是组织试图达到和所期望达成的一种状态，或者说是组织在未来一定时期内所期望达到的结果。在实践中，目标是组织在未来某一时间的业务活动应达到的预期成果，是制订组织管理架构和计划的依据，组织的一切活动都是围绕着既定目标进行的，确定目标成为管理工作中的第一任务，组织效能是组织实现其目标的程度。

4.1.2 "搜索—学习—网络"视阈下科技企业孵化器创新孵化绩效的影响效应分析

科技企业孵化器已经成为全球范围内创新驱动政策的制度化组成部分，旨在推进创新、创业和经济增长①，其作为新常态下"大众创业、万众创新"战略情境中行业和企业创新能力提升与创新体系建设的重要载体，为我国科技型中小微在孵企业创造了优良的资源、知识、技术等专业化服务与平台，促使在孵企业迅速成长为"瞪羚企业"，加速传统产业结构转型和创新。全球大约有7000家科技企业孵化器正在运行，其中大部分孵化器是由当地政府或中央政府运转与支持②。传统科技企业孵化器为在孵企业提供企业运行必需的资源和服务（基础设施、管理服务和技术知识等），帮助在孵企业实现资源整合，扶持在孵企业在激烈的市场竞争环境中生存和发展③。科技企业孵化器通过服务创新进行服务升级和结构调整是在孵企业以及孵化器自身获取新的异质性、差异化、可持续竞争力的最佳方法和可行路径，有望突破传统"保姆型"服务模式，实现跃迁式发展，提升孵化器服务能力、加速在孵企业的成长发展、提升毕业速度。知识已然成为网络化以及"互联网＋"发展趋势的大背景下科技企业孵化器服务创新的关键要素和创新源泉，如何在产业转型升级进程中获取创新所需的价值性知识是企业服务创新过程中难以规避的焦点问题④。网络关系理论的观点认为，源于企业外部创新网络的差异化知识对创新行为、过程和创新结

① Mian S., Lamine W., Fayolle A.. Technology business incubation: an over view of the state of knowledge [J]. Technovation, 2016, 50: 1–12.

② InBIA. International Business Incubation Associatio-business Incubation [OL]. http://www.inbia.org, 2016–2–1.

③ Theodorakopoulos N., Kakabadse N., McGowan C.. What matters in business incubation? A literature review and a suggestion for situated theorizing [J]. Journal of Small Business Enterprise Development, 2014, 21 (4): 602–622.

④ Monica F., Mike B.. Factors that play a role in managing through measures [J]. Management Decision, 2003, 41 (8): 698–710.

果具有至关重要的影响。创新被认为是在复杂社会网络中相互联结情境下不同参与主体异质性资源成功交换和交互作用的结果①，而服务创新独有的高交互性与高协同性的典型特征促使企业注重伙伴关系管理和合作秩序构建。科技企业孵化器服务创新所需的知识不仅依赖组织沉淀冗余，更加需要科技企业孵化器在开放性创新环境下跨越组织边界限制从外部组织搜索、汲取新的知识资源，不断地更新自身知识的多样性和异质性，继而实现孵化功能的服务创新。战略管理领域的研究成果已经证明，企业对外部知识的储存能力直接决定其绩效水平，为了最大限度地从外部网络获取价值性知识，企业对外部组织间网络的管理、控制、协调和利用的能力（网络能力）显得尤为重要。此外，科技企业孵化器服务创新凸显出大量的技术、知识和组织等多维度、多界面的柔性特征，高效配置外部创新孵化网络，依靠自身网络能力开展跨组织间界限的深度交互，实现打破组织边界限制的知识流动、知识转移的有效实施，持续性地累积异质性知识，运用知识基与外部价值性知识进行整合和创新，才能求得组织内外部知识聚合效应，继而提升服务创新效率和效果。

鉴于科技企业孵化器在创新创业与产业转型升级过程中的特殊地位，本书以战略管理理论、资源基础理论、网络能力理论以及知识管理理论为基础，构建以"搜索—学习—网络"多重视角为逻辑范式的理论分析框架，探究"搜索—学习—网络"耦合下的资源整合、动态学习、网络编配与科技企业孵化器服务创新绩效之间的影响关系，运用 SPSS 和 AMOS 软件通过结构方程模型实证揭示"搜索—学习—网络"耦合下的资源整合、动态学习、网络编配与科技企业孵化器创新孵化绩效之间的影响机理，以期解决科技企业孵化器服务创新"悖论"，打破组织边界限制，时刻保持与外部环境变化相匹配的创新能力，实现孵化能力和孵化功能的持续创新。

---

① McEvily B., Zaheer A.. Bridging ties: a source of firm heterogeneity in competitive capabilities [J]. Strategic Manage Journal, 1999: 20 (12): 1133 –1156.

4.1.3 "搜索—学习—网络"视阈下科技企业孵化器创新孵化 跃迁路径理论框架

"搜索—学习—网络"视阈下创新孵化的跃迁路径是孵化合作成功实施、合作关系不断深化的充要条件，孵化器作为服务提供者在孵化合作中具有重要的支撑作用，在高质、高量、高效地完成孵化项目的前提下，充分利用外部孵化网络成员的各种创新要素，促进自身核心竞争力的培育，调整组织间资源的配置，激发组织间合作与潜在学习能力的发挥，协调和消除孵化合作各方间的矛盾和冲突，追求孵化服务和孵化质量的最优水平，为我国的创新孵化实践提供一定的科学指导。本书以组织间关系理论、系统理论、组织效能理论为理论基础，分别探究资源整合、动态学习、网络编配三种内聚机理与耦合路径对促进、协调、引导孵化合作各方的资源和行为协同效应的作用机理，提升创新孵化绩效，并引入定制化服务和创新战略有效性作为调节变量，深刻挖掘它们对"搜索—学习—网络"视阈下创新孵化的跃迁路径的影响作用，进而构建了全书的理论框架（如图4.1所示）。

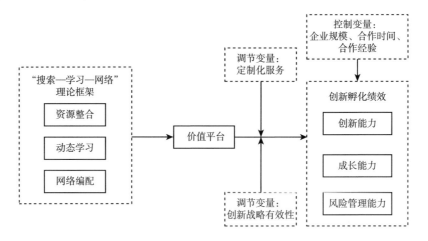

图4.1 本书理论框架

4.2 研究假设

4.2.1 资源整合与价值平台

无论是哪一种创新，均源自组织内外关键创新资源的内在化、外在化、社会化以及组合化的方式的深度探索与利用过程中，资源整合为创新孵化过程提供了强有力的路径保障。资源整合是企业重构资源组合、构建资源能力以及释放资源创新结果的复杂过程，是对外部异质性资源和内生基础资源的有效整合和利用。科技企业孵化器通过资源整合能够准确、迅速地识别外部资源类型、形式、互补度以及价值性，对于孵化器价值平台的发展具有良好的驱动作用。西蒙、希特和爱尔兰（Sirmon, Hitt & Ireland, 2007）研究认为，企业通过资源获取、开发、整合以及利用的全过程可以实现资源重构和能力再造，继而实现价值创新。企业的价值链方向和产业链方向的双重资源互补与协同能够增加信息资源的广度和深度，有助于发现创新机会和激发创新感知，为科技企业孵化器价值平台构建奠定坚实基础。资源整合能够帮助科技企业孵化器准确把握其在创新孵化网络中行动配置的心理资本和智力资本，通过不断反复的大量隐性行为过程推进价值平台的发展。古拉蒂、诺里亚和扎希尔（Gulati, Nohria & Zaheer, 2000）提出，嵌入组织间网络中的价值性资源对于企业经济行为和结果产生直接影响。资源是能力的基础，构建孵化价值平台同样也需要具有资源基础理论四大典型特征的异质性资源。资源获取是资源整合动态演进过程中的重要开端部分，与价值平台的构建直接相关。而资源利用是资源整合演进过程中新知识、新资源和新能力的重要衍生部分，与价值平台的形成息息相关。科技企业孵化器与寓于孵化网络中的多元化组织构建"经常—混合型"合作关系，通过对外部异质性资源和价值性信息的识取与利用，有效解决企业能力核心刚性所引发的资源冗余、知识粘滞以及创新动力不足等企业成长怪圈，促使科技企业孵化器形成自身独特的价值平台。汪秀婷和程斌武（2014）研究认为，动态环境中企业持续竞争优势的实现取决于企业内外部资源整合和协同创新的非线性叠加效应。企业内外部资源整合能够打破组织边界限制，有效提升企业的动态能力。科技企业孵化器通过整合的组织间网络的异质性资源，摒弃静态资源的弊端，使自身拥有的先验性资源持续性地匹配与更新，形成具有增长极的高附加价值属性的全新资源，继而形成的价值平台为在孵企业成长发展提供有力支撑。

综上所述，本章提出如下研究假设。

H1：资源获取与科技型中小企业战略适应能力之间具有显著的正向相关关系；

H2：资源利用与科技型中小企业战略适应能力之间具有显著的正向相关关系。

4.2.2　动态学习与价值平台

根据动态能力、组织学习的相关理论，动态学习是包括探索性学习、转化性学习和开发性学习三个维度的复杂组合。基于上述三种学习行为探索科技企业孵化器动态学习内在机理，有助于更合理地挖掘科技企业孵化器从外部知识源获取异质性知识进行孵化创新所体现的差异性。其一，探索性学习是企业在创新聚变和产品迅速迭代背景下获取超越原有市场、技术和服务的创新过程[①]，其对于知识基的重新整合与打造动荡环境下战略适应能力具有极其重要的影响。已有研究表明，企业介入陌生领域的新技术和新知识时，普遍会实施比平时更多的扫描、试验、研究等探索性学习活动[②]。科技企业

---

① Song M. , Droge C. , Hanvanich S. , Calantone R. . Marketing and technology resource complementarity: an analysis of their interaction effect in two environmental contexts [J]. Strategic Management Journal, 2005, 26 (3): 259 – 276.

② 赵红岩，蒋双喜，杨畅. 吸收能力阶段演化与企业创新绩效——基于上海市高新技术产业的经验分析 [J]. 外国经济与管理，2015, 37 (2): 3 – 17.

孵化器的探索性学习水平越高，就越能够打破组织边界限制对寓于外部网络的分散性知识进行找寻和吸收，通过与内部存量知识的有效整合重构全新的组织内部知识流和知识场（新标准、规范、方法和程序等），提升自身创造变异能力，迅速构建出适应环境变化的新支点，在新的技术和市场空间获得可能的创新机会，增加企业长期创新绩效①。其二，企业通过探索性学习获取的外部新知识需要通过转化性学习将其在组织内部进行社会化和知识共享。转化性学习旨在将从外部获取、吸收和消化的知识与企业先验性知识进行整合和内化，为企业二次创造和创新奠定基础。科技企业孵化器的转化性学习水平越高，就越能够将通过知识搜索战略获取的新颖、多样性的知识整合到现有知识库中，能够极大地提高创新水平。此外，转化性学习能够将企业存量知识进行维护和激活，将其应用于开发性学习，对于实现卓越的创新绩效是必要的。其三，开发性学习作为动态学习的高级阶段旨在将组织内部社会化和知识共享的技术知识市场化和系统化。市场化和系统化过程的结果导向就是新思想、新产品、新工艺、创新服务以及创新活动的持续产生②。科技企业孵化器的开发性学习水平越高，就越能够将组织内化的新知识和新技术进行汲取、拓展和开发，激发孵化器对现有孵化服务领域知识的再造，继而产生新知识的挖掘，更可能实现超乎想象的创新孵化绩效。科技企业孵化器必须充分利用开发性学习将存量知识与外部源化知识充分融合和创新，以便能够在成熟市场环境以及同业竞争较为激烈的孵化产业实现孵化增值，提炼和深化现有产品与服务，进而从在孵企业现实需求和技术需要出发构建创新孵化服务概念，发挥孵化网络中异质性知识、信息、技术、管理经验和增值服务互补和相乘的效果③，并以孵化服务的多样化和适用性来满足在孵

---

① 朱朝晖. 探索性学习、挖掘性学习和创新绩效 [J]. 科学学研究，2008，26（4）：860 – 867.

② Alegre J., Chiva R. Linking entrepreneurial orientation and firm performance: the role of organizational learning capability and innovation performance [J]. Journal of Small Business Management, 2013, 51（4）：491 –507.

③ 胡海青，李浩. 孵化器领导力与孵化网络绩效实证研究 [J]. 管理评论，2016，28（3）：164 – 172.

企业的个性化需求，实现创新孵化绩效切实提升。

故而，本章提出如下假设。

H3：探索性学习对价值平台的构建和发展具有正向影响；

H4：转化性学习对价值平台的构建和发展具有正向影响；

H5：开发性学习对价值平台的构建和发展具有正向影响。

4.2.3 网络编配与价值平台

创新速度、创新迭代以及创新复杂性日益加剧的情境下，能否从外部获取异质性知识实现价值共创成为决定企业创新成败的关键因素[①]。创新孵化本源上是科技企业孵化器、在孵企业以及处于孵化网络中的成员组织等网络节点相互作用的结果，科技企业孵化器作为编配主体需要设计和实施适当的组织惯例和架构以形成先进的价值平台[②]。价值平台作为网络管理的战略目标以及导向性的管理决策和行为需要网络编配能力促进其持续发展和构建。埃洛兰塔和图鲁宁（Eloranta & Turunen，2016）研究指出，服务驱动的制造企业对外部网络关系复杂性的协调和管理有利于平台路径的形成，继而获取异质性资源和能力。帕克斯和科沃科夫斯基等（Perks & Kowalkowski et al.，2017）研究认为，创新网络中的主导企业对网络关系的组织与协调有助于推动和建立全新的价值平台。

根据丹拉吉和佩塔赫（Dhanaraj & Pharkhe，2006）的研究，网络编配能力主要包括知识移动能力、创新独占能力和网络稳定能力。知识移动能力是指对寓于创新网络内知识的共享、获取和有效利用的能力。知识由于固有的粘滞性特征禁锢于组织边界之外，故而需要对其实施管理以增加知识跨组织间的有效流动。知识作为科技企业孵化器自主创新的源泉以及在孵企业迅速

[①] Rosenkopf L., Nerkar A. . Beyond local search: Boundar-Spanning, exploration, and impact in the optical disk industry [J]. Strategic Management Journal, 2001, 22 (4): 287 – 306.

[②] Macdonald E. K., Kleinaltenkamp M., Wilson H. N. . How business customers judge solutions: solution quality and value in use [J]. Journal of Marketing, 2016, 80 (3): 96 – 120.

发展的关键要素，可以在以科技企业孵化器为核心节点的复杂孵化网络相互作用下形成的价值平台中实现增值和创新。科技企业孵化器的知识移动能力可以促进形成共同的组织学习平台，克服知识内隐性和认知障碍，降低组织间信任水平低下等关系风险，形成活性知识场①②，对价值平台的构建和发展具有积极影响。创新独占能力是指创新主体通过创新行为和活动捕捉具有收益能力的环境特征资产。价值平台发展和构建过程中，科技企业孵化器需要采取一定的管理措施对孵化创新活动实施保护，保障创新孵化网络成员在价值平台中的公平对待程度，促进知识产权保护，降低技术溢出风险以及保障核心利益，继而吸引更多的外部组织积极参与价值平台构建与发展，提升价值平台的价值增值。网络稳定能力旨在确保网络成员进入或退出网络时，网络规模保持非负的成长状态。创新孵化网络属于典型的松散型竞合关系，随时面临着不同网络成员的孤立、退出、派系和摩擦，科技企业孵化器为了保持创新孵化网络的动态稳定性需要充分利用网络稳定能力提高现有价值平台的名望、信誉、潜在价值和多元化属性③，制造合法性陷阱实现价值平台的迅速发展。

故而，本章提出如下假设。

H6：知识移动能力对价值平台的构建和发展具有显著的正向影响；

H7：创新独占能力对价值平台的构建和发展具有显著的正向影响；

H8：网络稳定能力对价值平台的构建和发展具有显著的正向影响。

4.2.4　价值平台与科技企业孵化器创新孵化绩效

价值平台存在于各种各样的产业中，特别是以信息技术为驱动的高科技企业。无论是微软、苹果、谷歌等实力雄厚的大型高科技企业还是资源和能

---

① Brown J. S. , Duguid P. . Knowledge and organization：a social-practice perspective ［J］. Organization Science，2001，12（2）：198 – 213.

② 姜骞，刘强，唐震. 创新网络关系治理对科技型中小企业突破性创新的影响机理——知识场活性的中介效应 ［J］. 科技进步与对策，2017，34（12）：78 – 84.

③ Anne H. G. , Etty R. N. . Orchestrating innovative SME networks：The case of "health innovation" ［J］. Journal of the Knowledge Economy，2011，2（4）：586 – 600.

力处于价值链低端的科技型中小企业，创新绩效的实现均源于由多重复杂创新网络中成员企业相互作用形成的价值平台[①]。鲍德温和杰森（Baldwin & Jason，2009）研究指出，价值平台为企业控制和获取关系租金提供有力支撑。加韦和库什曼（Gawer & Cusuman，2013）研究认为，基于价值平台的新产品研发可以实现产品多元化、满足多样化的顾客需求和业务需求以及促进技术进步，继而实现规模经济和范围经济。希姆、李和基姆（Shim，Lee & Kim，2018）研究认为，新价值平台的构建可以令处于其中的企业免于资产专用性锁定、提升资源配置效率以及获取灵活的系统集成解决方案。国家"双创"战略背景下，科技企业孵化器的创新孵化寓于水平价值链（科研院所、高等学校、创客和服务机构等）和垂直产业链（众创空间、加速器和其他孵化器）为路径的多元化外部孵化主体全员参与的全链条化孵化生态系统中，科技企业孵化器通过价值平台与不同类型的孵化网络成员联结制造独特的孵化网络效应以及可重复使用的孵化服务模式，为在孵企业提供资源基础设施以及动态能力规则，通过完善、添加和删减不同的孵化服务功能满足在孵企业的差异性需求，提升创新孵化质量和绩效。科技企业孵化器价值平台在资源和能力互补的共性框架下通过公共基础资源以及模块化孵化设计可以有效降低在孵企业的运营成本、提升孵化服务质量和效率。

故而，本章提出如下假设。

H9：价值平台对创新孵化绩效具有显著的正向影响。

4.3　定制化服务与创新战略有效性的调节效应

4.3.1　定制化服务的调节效应

大规模生产模式已无法适应市场环境，定制化生产模式能够在不牺牲规

---

① Cusumano M. A. , Gawer A. . The elements of platform leadership [J]. IEEE Engineering Management Review, 2002, 43 (3): 52 –58.

模经济的情况下更好地实现满足个性化需求的目标，成为顾客需求导向前提下最大限度满足顾客需求的绝佳战略选择，被认为是 21 世纪的主流生产方式①。科技企业孵化器和在孵企业的组织间关系发展方向与孵化器不同的战略定位紧密相关。科技企业孵化器可以选择联合孵化或定制化服务等孵化流程，解决由于环境干预、需求衍生等动态环境引发的偶然性和反应延迟性等孵化风险问题。范德斯特拉滕和维特鲁斯图辛（Vanderstraeten & Witteloostuijn，2016）研究指出，科技企业孵化器定制化服务能够有效解决在孵企业需求异质性问题，继而提升在孵企业的成长速度以及孵化器创新绩效。其一，科技企业孵化器具有典型服务型组织特征，科技企业孵化器为在孵企业提供周全的孵化服务与能力帮扶②，并在孵化价值生成过程（孵化服务设计、孵化服务重组以及孵化服务交付）中创造额外的价值增值③。其二，在孵企业处于初创时期高速发展以及由此衍生的较高异质性需求极大地推动了科技企业孵化器有针对性地开展定制化服务策略，通过与在孵企业之间的互惠交流和相互作用有效提升孵化服务质量和孵化绩效，彼此之间实现价值共创的双赢局面，对科技企业孵化器建立持续竞争优势和差异化定位具有至关重要的作用。定制化服务可以解决企业战略定位和业务细分之后残留的顾客需求异质性，继而提升顾客的满意度水平④。科技企业孵化器较高的战略聚焦度以及提供定制化服务能够有效提升在政策震荡和环境动荡情境下在孵企业的生存能力和孵化绩效⑤。

故而，本章提出如下假设。

---

① 金立印，邹德强，裘理瑾. 服务定制情境下选项的战略呈现：呈现框架对消费者选择的影响 [J]. 南开管理评论，2009，12（6）：90 - 100.

② Ordaniniab A.. Service co-production and value co-creation：The case for a servic-riented architecture（SOA）[J]. European Management Journal，2008，26（5）：289 - 297.

③ Aarikk-Stenroos L.，Jaakkola E.. Value co-creation in knowledge intensive business services：A dyadic perspective on the joint problem solving process [J]. Industrial Marketing Management，2012，41（1）：15 - 26.

④ Franke N.，Hippel E. V.. Satisfying heterogeneous user needs via innovation toolkits：the case of Apache security software [J]. Research Policy，2003，32（7）：1199 - 1215.

⑤ Karpen I. O.，Bove L. L.，Lukas B. A.. Linking service-dominant logic and strategic business practice [J]. Journal of Service Research，2012，15（1）：21 - 38.

H10：定制化服务在价值平台与创新孵化绩效间具有显著的正向调节作用。

4.3.2 创新战略有效性的调节效应

创新被认为是在竞争激烈的市场中获得持续竞争优势和提升企业绩效的有效途径，除了创新技术所发挥的核心作用，还需要企业从战略高度把握创新方向与进程，可以将这种全方位创新调整的运行机制、组织惯例和战略绩效理解为企业的创新战略有效性。有效的创新战略依赖于企业对客户或最终消费者产品或服务需求变化的深层次理解[①]，源于企业对外部环境的洞察和对顾客需求的深度调查[②]，继而准确把握创新方向。在孵企业处于新创阶段，资源获取、技术演进以及能力构建等方面都处于"新进劣势"的尴尬境地，科技企业孵化器实施有效的创新战略在很大程度上基于孵化服务模块及其价值增值，促进在孵企业的成长和发展，提供可操作的点对点式定制化服务，继而提升服务创新绩效。扎法尔、达扬和安东尼（Zafar, Dayan & Anthony, 2016）研究认为，创新战略有效性不仅可以有效提升创新网络的效率和增强企业竞争优势，而且还可以影响员工的创新意愿。那些具有较高开放性、高质量和高效率的创新战略可以迅速获取完全竞争市场中的知识信息和技术资源，以缓解创新资源缺失和组织边界限制的问题，继而提高创新绩效，此外，创新战略有效性能够提高企业新产品研究和开发的效率与效果。姚艳虹和李扬帆（2014）研究指出，创新战略的实施能够提高企业创新绩效的关键，在于不同元素属性的知识结构的战略选择和调整的有效性。王业静和于海云（2018）研究认为，探索性创

---

① Nambisan, S., Baron, R. A.. Interactions in virtual customer environments: implications for product support and customer relationship management [J]. Journal of Interact Market, 2007, 21 (2): 42 – 62.

② Wei, Z., Zhao, J., Zhang, C.. Organizational ambidexterity, market orientation, and firm performance [J]. Journal. Engineering & Technology Management, 2014, 33 (6): 134 – 153.

新与开发性创新战略的无序配置将不利于新创企业绩效的提高，以目标明确和周密计划为基础实施创新战略才能获取创新合作的红利。综上所述，本章提出如下假设。

H11：创新战略有效性在价值平台与科技企业孵化器创新孵化绩效之间具有显著的正向调节作用。

"搜索—学习—网络"视阈下科技企业孵化器创新孵化内聚机理与耦合路径的实证分析

为确保研究的有效性和规范性，本章将对调查问卷设计、数据收集、变量测度、研究方法选择、数据分析、结构方程模型检验以及定制化服务与创新战略有效性的调节效应检验进行详细的阐述。

5.1　研究方法与研究设计

科学合理设计调查问卷与选择正确的研究方法是确保研究信度和效度的重要前提（陈伟和张旭梅，2011）。故而，本节将对本书研究的调查问卷设计、数据收集、变量测量和研究方法选择进行系统的介绍和阐述。

5.1.1　调查问卷设计

问卷调查法是管理学定量研究中最为普及的方法，也是国内外学界实证研究广泛采用的数据收集方法，问卷调查法是由一组针对某种事物的态度或看法的陈述组成的（李怀祖，2004），其具有快速、灵活、可行性强等优点，且能够获得翔实可靠的第一手调研资料。

5.1.1.1 问卷设计的原则

为更准确地把脉"搜索—学习—网络"视阈下科技企业孵化器创新孵化跃迁路径的具体情况，客观地测度孵化器差异性路径实施对创新孵化绩效影响的功效，本章调研问卷的设计遵循以下几条基本原则。

（1）科学性与可操作性相结合。科学性是"搜索—学习—网络"视阈下科技企业孵化器创新孵化跃迁路径问卷设计的最基本原则。所设计的调查问卷不但要客观反映"搜索—学习—网络"视阈下科技企业孵化器创新孵化跃迁路径的实际状况，还要为推动孵化实践奠定基础。即调查问卷的设计并非单纯的理论探索或是简单的现状描述，还须对遴选的"搜索—学习—网络"视阈下科技企业孵化器创新孵化跃迁路径的因素具有可操作性，为收集"搜索—学习—网络"视阈下科技企业孵化器创新孵化跃迁路径研究所需的数据奠定现实基础。

（2）系统性与关键性相结合。"搜索—学习—网络"视阈下科技企业孵化器创新孵化跃迁路径的调查问卷设计应该以系统论为指导，全面地反映创新孵化实践中科技企业孵化器创新孵化跃迁路径的整体状况，梳理"搜索—学习—网络"视阈下科技企业孵化器创新孵化跃迁路径的相关分析维度，构建有效的问卷体系，保证调研问卷真实地反映"搜索—学习—网络"视阈下科技企业孵化器创新孵化跃迁路径的整体现状，为创新孵化跃迁提供现实依据。

（3）相对性与独立性相结合。调查问卷设计中"搜索—学习—网络"视阈下科技企业孵化器创新孵化跃迁路径的各分析维度应满足相对的独立性，不应存在包含、交叉及题项相似等现象，以保证问卷调查的科学合理性，并为后续研究中凝练指标的冗余度降低至最小打好基础。

（4）动态分析与静态分析相结合。鉴于"搜索—学习—网络"视阈下科技企业孵化器创新孵化具有嵌入性、协同性和动态性等特征，因此，调查问卷的设计工作应根据不同时期发展的特点做出适时的调整和修正。此外，调查问卷随着时空的改变亦会发生变化，调查问卷本身也需与其保持同步变化和完善。但在此过程中，调查问卷的内容不宜频繁变动，应在一定时期内保持相对的稳定性，以达到动态分析与静态分析的双重统一。

5.1.1.2　问卷设计的步骤

为了保证设计的调查问卷的科学性、信度和效度，使"搜索—学习—网络"视阈下科技企业孵化器创新孵化跃迁路径的实证研究结论具有可靠性和真实性，本章所使用的正式调查问卷是在遵循以下四个步骤的基础上完成的（如表5.1所示）。

表5.1　　　　　　　　　　问卷设计的基本步骤

问卷设计阶段划分	主要工作内容
文献研究	①阅读了大量的关于资源基础理论、动态能力理论、组织间关系、创新孵化绩效等领域的国内外文献，充分汲取了文献中与本书主题有关的知识，借鉴前人研究已有的成熟量表，形成来源于国内外文献的初步研究思路。 ②在此基础上设计了本书的研究变量，构造了变量的测度题项，进而形成调查问卷的初稿
征求意见	①在笔者所在学术团队的学术讨论会上，与3位教授、2位副教授、3位同行在内的诸多同领域学者进行讨论和交流，探讨各变量之间的逻辑关系以及问卷题项设计的问题，征求宝贵建议。 ②还向邀请的来自孵化器的3位中层干部对问卷的题项设计征询宝贵意见和建议，同时与3位调研对象进行了深入访谈。 ③根据上述两种方式对调查问卷中的语句措辞进行了相应的修正和完善，使该问卷尽可能不包括专业术语，以免造成被测人难以理解，继而形成第二稿调查问卷
深入调研	①选取江苏省常州市的3家典型孵化器进行访谈和深入调研。访谈对象是孵化器中项目部负责人或相关部门领导以及部分在孵企业的负责人等，了解孵化器的基本情况以及孵化现状和所遇到的主要问题。 ②发现大部分企业都认识到创新孵化跃迁的重要性，关键是如何有效进行创新孵化路径的把控，资源整合、动态学习和网络编配如何影响创新孵化绩效。这些来自孵化器第一手资料的现实情况对问卷设计有较大启示，进而形成第三稿调查问卷
预测试	①为进一步让测量题项语义明晰，使被调查者容易理解，笔者于2017年3～5月通过一些社会关系联系了江苏省3个主要国家级孵化器的10家在孵企业进行预测试。 ②根据被测者在问卷填写过程中提出的疑问和建议，再次对调研问卷中的用词、语句和表达方式加以修正和完善，最终形成正式调研问卷

5.1.1.3 调研问卷的基本内容

调查问卷设计需要按照研究内容展开，需要根据研究目标以及所运用的方法进行设计，确定需要收集的数据，确定需要设置的问题（马庆国，2005）。本章调查问卷的设计，主要是围绕"搜索—学习—网络"视阈下科技企业孵化器创新孵化跃迁路径的作用机理而展开的，要求调研问卷能够为研究内容提供所需要的有效数据，能够运用 SPSS17.0 和 AMOS17.0 等统计软件进行数理分析。调查问卷的主要内容包括以下五个方面：

（1）问卷被访者的基本信息；

（2）调研企业的基本信息；

（3）创新孵化绩效的现状，包括在孵企业创新能力、成长能力和风险管理水平；

（4）"搜索—学习—网络"理论框架下创新孵化跃迁路径的基本情况，包括资源整合、动态学习和网络编配；

（5）调节变量的基本情况，包括定制化服务和创新战略有效性。

5.1.1.4 问卷的防偏措施

本章的调查问卷以客观选择题为主，采用李克特5级打分法进行变量测量，为了减少问卷设计过程中王重鸣（2001）、马庆国（2002）等学者提及的"调研对象不知道问题的答案；虽知道问题的答案但不愿意予以回答；不能理解所问的问题"等基本因素可能带来的结果偏差，本章分别采取了以下应对措施以降低其对获取准确答案的不良影响。

（1）为减少因调研对象不了解"搜索—学习—网络"视阈下科技企业孵化器创新孵化跃迁路径的相关信息而带来的负面影响，本章选择了对创新孵化实际情况比较熟悉的专家填写问卷，并对其不理解的问题予以解释说明后再填写。

（2）为减少因调研对象无法回忆起所需相关信息而带来的负面影响，调研问卷所涉及的问题均是"搜索—学习—网络"视阈下科技企业孵化器创新孵化跃迁路径的重要性选择，从而尽量避免因调研对象记忆问题所引起的偏差。

（3）为减少因调研对象虽知道"搜索—学习—网络"视阈下科技企业孵化器创新孵化跃迁路径的某些问题答案却不愿或不方便回答而带来的负面影响，调查问卷在开篇处明确了本书研究内容不涉及商业机密，纯属学术研究，所获取的信息也不会用于其他任何商业目的，并承诺对调研对象提供的相关信息给予保密。

（4）为减少因调研对象不能理解所提问题而带来的负面影响，调研问卷在设计过程中通过对相关专家的咨询以及企业实践的深度访谈，并对问卷进行预测试，不断地对问卷进行修改与完善，尽量排除题项难以理解或表意含糊不清的问题发生。

与此同时，根据波得萨阔夫和奥根（Podsakoff & Organ，1986）以及李（Lee，2001）的建议，本章的调查问卷没有说明研究的内容和逻辑，并在题项安排上将创新孵化绩效测量题项放在"搜索—学习—网络"理论框架下创新孵化跃迁路径测量题项的后面，以避免被访者受到因果关系等客观因素的影响，以确保正式调查问卷所获得结果的可靠性和真实性。

5.1.2　数据收集

本章聚焦于"搜索—学习—网络"视阈下科技企业孵化器创新孵化跃迁路径的影响机理，使用多重观测变量测度本章研究提出的概念模型，借鉴和参考国内外相关研究的成熟测量量表设计编制调查问卷，正式调研问卷的实施时间为 2020 年 9 月 ~2021 年 5 月。本次调研对象以科技企业孵化器高管（董事长、总经理和高层管理人员）、在孵企业高管以及创新团队核心成员为主，调研的孵化器为海南自由贸易港的三个具有典型代表性的科技企业孵化器，即海南自由贸易港生态软件园、海南复兴城互联网信息产业园和三亚深海科技城，课题组多达 6 次深入上述调研地点对调研对象进行深度访谈，并发放调研问卷，同时借助 E-mail、邮局邮递等方式对目标企业进行问卷调查，共发放问卷 500 份，最终回收问卷 395 份，由于部分问卷出现缺失值、极端答案以及填写违背实际情况等情况，剔除无效问卷 77 份，最终获得有效问卷 318 份，问卷有效率为 63.6%。

5.1.3　变量测量

本章所涉及的变量包括资源整合（外生潜变量）、动态学习（外生潜变量）和网络编配（外生潜变量），定制化服务（内生潜变量）、创新战略有效性（内生潜变量）以及创新孵化绩效（内生潜变量），此外，还包括企业规模、年限等控制变量。在构造本章的变量测量量表时，通过对国内外相关研究文献的梳理和分析，同时结合创新孵化的特点进行一定的改进和调整，采用李克特 5 级打分法，按照"1 - 完全不同意"到"5 - 完全同意"，应用多个题项对各个变量进行测量。

5.1.3.1　"搜索—学习—网络"理论框架下创新孵化跃迁路径的变量测量

根据第 2 章的理论分析，"搜索—学习—网络"理论框架下的变量测度主要从资源整合、动态学习和网络编配三个维度进行划分，而三个维度又具体细分为资源获取、资源利用、探索性学习、转化性学习、开发性学习、知识移动能力、创新独占能力和网络稳定能力共八个子维度，设置测量变量对其进行描述，具体内容如下所示。

（1）资源整合。根据前面的陈述以及葛和董（Ge & Dong，2009）、希特等（2003）、董保宝和葛宝山等（2011）的研究成果，对资源整合从资源获取和资源利用两个层面进行考察。

对资源获取的测度采用以下 4 个题项：①我们能够从组织间网络成员企业处获取显性和隐性资源；②我们能够从组织间网络成员企业处获取价值性信息；③我们能够从组织间网络成员企业处获取核心技术和知识；④我们能够从组织间网络成员企业处获取新的网络关系资本。

对资源利用的测度采用以下 3 个题项：①通过对组织间网络知识的分

析，我们将当前的各类知识进行有效地合成利用；②我们持续性地与组织间网络合作企业互动交流以对产品或服务进行修订；③我们获取的外部知识被充分地集成到产品和服务创新中。

（2）动态学习。动态学习包括探索性学习、转化性学习和开发性学习三个子维度，各个变量的具体测量题项如下所示。

借鉴古普塔（Gupta，2006）、朱朝晖（2008）的研究成果，探索性学习从知识识别、知识同化和知识评价三个维度进行测量，共设置 4 个题项。①我们设立专门甄别外部知识、信息和技术的战略情报部门；②我们深入评估和获取最新的产品与服务创新信息和技术；③我们能够深度解析本行业的发展趋势；④我们经常与战略合作伙伴进行深度交互。

借鉴本纳和塔奇曼（Benner & Tushman，2003）、赵红岩等（2015）的研究成果，转化性学习从知识保持、知识转移和知识激活三个维度进行测量，共设置 4 个题项。①我们将获取的新知识进行整理和分类；②我们能够迅速理解和转化获取的新知识；③我们能够将先验性知识与新知识进行融合；④我们各部门间定期交流、分享专业知识和成功经验。

借鉴朱朝晖（2008）、赵红岩等（2015）和门德斯（Méndez，2016）的研究成果，开发性学习从知识传承和知识应用两个维度进行测量，共设置 4个题项。①我们能够快速地意识到获取的新知识和新技术的重要性；②我们持续地考虑如何改进现有产品和服务创新；③我们善于将获取的新知识、新技术运用于新产品开发和服务创新；④我们构建利用外部知识、信息和技术的知识库。

（3）网络编配。网络编配包括知识移动能力、创新独占能力和网络稳定能力三个子维度，各个变量的具体测量题项如下所示。

借鉴丹拉吉和佩塔赫（2006）、赫尔曼和奥兰德（Hurmelinna & Olander，2012）以及毕可佳和胡海青等（2017）的研究成果，网络编配从知识移动能力、创新独占能力和网络稳定能力三个维度进行考查，分别用 4 个题项测度。

知识移动能力：①我们在获取新信息上的投入比较大；②我们可以快速

识别并获取企业所需信息；③我们一直致力于增加信息来源渠道；④我们重视企业对新信息的动态学习。

创新独占能力：①我们与合作伙伴签署长期合作合同；②我们与合作伙伴有保密协议；③我们与合作伙伴有不允许相互招募工作人员的合同；④我们以保密状态组织相关人员培训。

网络稳定能力：①我们与创客空间、加速器具有稳定的合作关系；②我们与中介服务机构具有稳定的合作关系；③我们与高校、科研院所等具有稳定的合作关系；④我们与金融机构具有稳定的合作关系。

5.1.3.2 创新孵化绩效的变量测量

根据第 2 章的理论分析，创新孵化绩效主要从在孵企业创新能力、成长能力和风险管理水平三个维度进行划分，借鉴希特（Hit，1996）以及唐丽艳和周建林等（2014）的研究成果，创新孵化绩效具体的测量题项如下所示。

在孵企业创新能力：①与同行相比，企业申请专利数量；②与同行相比，企业的新产品开发数量；③与同行相比，企业的新产品开发速度。

在孵企业成长能力：①与行业平均水平相比，企业市场份额增长速度；②与行业平均水平相比，企业销售额增长速度；③与行业平均水平相比，企业员工数增长速度。

在孵企业风险管理水平：①企业具有完善的风险管理制度；②企业已经预测出近期可能出现的风险，并提前做好了准备；③针对近期发生的风险，开展的风险应对措施达到预期目标。

5.1.3.3 定制化服务的变量测量

借鉴斯卡格斯和杨特（Skaggs & Youndt，2004）、约翰娜和阿杰（Johanna & Arjen，2016）的研究成果，定制化服务用 4 个题项进行测量。①我们具有标准化的孵化程序；②我们会主动咨询在孵企业的现实需求；③我们提供的孵化服务建立在充分了解各个在孵企业实际情况的基础上；④我们针对具有不同特征的在孵企业提供差异性的孵化服务。

5.1.3.4　创新战略有效性的变量测量

借鉴马卡里和斯卡杜拉（Makri & Scandura，2010）、沃道里斯（Voudouris，2012）以及扎法尔和木敏（Zafar & Mumin，2016）的研究成果，创新战略有效性用 4 个题项进行测量。①我们的创新战略克服了环境改变带来的风险；②我们通过创新战略构建共同愿景；③我们通过创新战略成功地应用新技术；④我们通过创新战略实现新产品开发与全体战略的协调统一。

5.1.4　研究方法选择

本章运用 SPSS17.0 和 AMOS17.0 统计软件对所收集的样本数据进行数理信度和效度分析以及结构方程模型分析，具体研究方法如下所述。

5.1.4.1　信度分析

信度（reliability）是关于某种现象测度的可靠程度（trustworthiness），提供的是测量结果的一致性（consistency）或稳定性（stability）的程度（马庆国，2005），也就是研究者对于相似的现象或相同的群体进行不同形式的或者不同时间的广泛测量所得结果一致性程度[①]。任何测量的观测值包括了实际值与误差值两部分，而信度越高代表其误差值越低，如此则获得的观测值就不会因形式或时间的改变而变动，因此，具有相当的稳定性。根据农纳利（Nunnally，1978）、德韦利斯（Devellis，1991）、盖伊（Gay，1992）和李怀祖（2004）的理论观点，克朗巴哈系数（Cronbach α）作为测量信度的标准是目前最常用的，其计算公式如下所示，克朗巴哈系数指标测量标准如表 5.2 所示。

---

① 王重鸣. 管理心理学 ［M］. 北京：人民教育出版社，2001.

$$\alpha = \frac{k}{k-1}\left[1 - \frac{\sum\limits_{i=1}^{k}\sigma_i^2}{\sum\limits_{i=1}^{k}\sigma_i^2 + 2\sum\limits_{i}^{k}\sum\limits_{j}^{k}\sigma_{ij}}\right]$$

表 5.2   **Cronbach α 系数测量标准的分布表**

Cronbach α 的值	构念	整个量表
Cronbach α < 0.50	不理想，舍去不用	非常不理想，舍弃不用
0.50 ≤ Cronbach α < 0.60	可以接受，增加题项或修改语句	不理想，重新编制修订
0.60 ≤ Cronbach α < 0.70	尚佳	勉强接受
0.70 ≤ Cronbach α < 0.80	佳（信度高）	可以接受
0.80 ≤ Cronbach α < 0.90	理想（甚佳、信度很好）	佳（信度高）
Cronbach α ≥ 0.90	非常理想（信度非常好）	非常理想（信度很好）

资料来源：作者整理编制得到。

5.1.4.2 效度分析

效度（validity）是指测量工具能真正测得的与试图达到的目标之间的接近程度，即测量到真值的程度，评价的是偏倚和系统误差问题。效度的测量可以有很多种方法，而内容效度（content validity）、建构效度（constructive validity）和效标关联效度（criterion-related validity）是当前学界广泛应用的三种基本效度类型。

内容效度，又称表面效度（face validity）或逻辑效度（logical validity），是指该测量工具是否涵盖了它所要测量的某一观念的所有项目的层面。内容效度的高低需要靠研究者的主观判断。在题项选择阶段，本章紧紧围绕"搜索—学习—网络"视阈下科技企业孵化器创新孵化跃迁路径的相关理论研究成果，力求系统、全面地覆盖测量内容。在问卷完成后，笔者与学术团队成员、管理领域的专家以及政界专家就问卷的内容和形式进行了多次地探讨，补充遗漏题项，剔除重复题项，调整调研问卷题项的结构，以保证题项分布的合理性，最终形成了正式调研问卷。为此，该调研问卷具有良好的内容效度。

建构效度是指测量工具能够测量理论的概念或特质的程度；建构效度具体可分为收敛效度（convergent validity）和区别效度（discriminant validity）两种类型，其中，收敛效度探讨的是周延性问题，而区别效度探讨的是排他性问题，但只有这两个效度同时获得，才可认为具有建构效度。在进行结构方程模型分析以前，本章将采用验证性因子分析方法（confirmatory factor analysis）对"搜索—学习—网络"视阈下科技企业孵化器创新孵化跃迁路径的建构效度进行检验。

5.1.4.3 结构方程模型分析

结构方程模型（structural equation model，SEM）是当前学界和业界广泛应用的一种多元建模分析方法，用来分析潜变量与潜变量之间以及潜变量与指标之间的线性关系，具有同时考虑和处理多个因变量、容许自变量和因变量含测量误差等优点，在保证研究结果正确性的前提下便于研究者的实际操作。本章运用 AMOS17.0 分析软件，从绝对适配度指数、增值适配度指数、简约适配度指数三个方面进行评价，结构方程模型分析的整体模型适配度标准如表 5.3 所示。

表 5.3　　　　　结构方程模型分析的整体模型适配度评价标准

评价指标类别	统计检验量	适配的标准或临界值
绝对适配度指数	卡方与自由度的比值（χ^2/df）	≤3.00
	拟合优度指数（GFI）	>0.90
	标准化残差均方根（SRMR）	<0.05
	近似误差均方根（RMSEA）	<0.08（若<0.05 很好；<0.08 良好）
增值适配度指数	标准拟合指数（NFI）	>0.90（0.95 以上很好）
	非标准化拟合指数（NNFI）	>0.90
	比较拟合指数（CFI）	>0.90
简约适配度指数	简效比较指数（PCFI）	>0.50
	简效规范拟合指数（PNFI）	>0.50

对收集的数据进行有效性和合理性检验是对"搜索—学习—网络"视阈

下科技企业孵化器创新孵化绩效影响效应的结构方程进行数据分析的必须工作。学者鲍德温（1989）指出，进行 SEM 分析需要大样本，穆勒（Mueller，1997）研究认为，SEM 分析的样本标准至少在 100 以上，200 以上更佳。足够样本数的获得可以使所产生的相关矩阵保持稳定，继而获得具有可信度的结构方程分析。本章最终获取的样本数量为 241 份，满足结构方程模型检验的大样本容量较佳标准。

5.2 数据分析

5.2.1 描述性统计分析

本章用 SPSS18.0 软件对概念模型和测量题项进行描述统计分析，其中资源整合（资源获取和资源利用）、动态学习（探索性学习、转化性学习和开发性学习）、网络编配（知识移动能力、创新独占能力和网络稳定能力）作为自变量，科技企业孵化器创新孵化绩效作为因变量，价值平台作为中介变量，定制化服务和创新战略有效性作为调节变量。调查问卷的均值、标准差和 Pearson 相关系数在表 5.4 中有了明晰的显示，实证结果表明，资源整合（资源获取和资源利用）、动态学习（探索性学习、转化性学习和开发性学习）、网络编配（知识移动能力、创新独占能力和网络稳定能力）、价值平台、定制化服务、创新战略有效性与科技企业孵化器创新孵化绩效之间具有明显的相关关系，且均在 0.01 的水平上显著正相关。本章研究中提出的资源整合（资源获取和资源利用）、动态学习（探索性学习、转化性学习和开发性学习）、网络编配（知识移动能力、创新独占能力和网络稳定能力）、价值平台、定制化服务、创新战略有效性以及创新孵化绩效 12 个测量变量的相关系数均小于 0.7，不存在共线性的问题，可以实施进一步的实证检验。具体描述性统计结果如表 5.4 所示。

表 5.4

变量均值、标准差与 Pearson 相关系数

测量变量	均值	标准差	1	2	3	4	5	6	7	8	9	10	11	12
资源获取	4.655	1.344	1											
资源利用	4.993	1.367	0.677**	1										
探索性学习	3.638	1.295	0.235**	0.401**	1									
转化性学习	3.683	1.213	0.344**	0.288**	0.413**	1								
开发性学习	3.873	1.053	0.382**	0.442**	0.290**	0.407**	1							
知识移动能力	3.578	1.333	0.436**	0.365**	0.433**	0.298**	0.239**	1						
创新独占能力	3.768	1.109	0.379**	0.440**	0.451**	0.393**	0.288**	0.379**	1					
网络稳定能力	3.658	1.284	0.387**	0.436**	0.405**	0.471**	0.451**	0.387**	0.403**	1				
价值平台	3.650	1.223	0.302**	0.343**	0.422**	0.332**	0.268**	0.285**	0.321**	0.276**	1			
定制化服务	3.500	1.350	0.290**	0.321**	0.305**	0.609**	0.336**	0.405**	0.343**	0.362**	0.336**	1		
创新战略有效性	3.724	1.512	0.044**	0.086**	0.113**	0.366**	0.025**	0.065**	0.372**	0.256**	0.313**	0.315**	1	
创新孵化绩效	3.567	1.178	0.244**	0.286**	0.369**	0.325**	0.336**	0.366**	0.352**	0.291**	0.287**	0.335**	0.286**	1

注：** 表示 $p < 0.01$。

5.2.2 信度和效度检验

首先，本章利用回收的样本数据，运用调查问卷回收的数据检验了资源整合（资源获取和资源利用）、动态学习（探索性学习、转化性学习和开发性学习）、网络编配（知识移动能力、创新独占能力和网络稳定能力）、价值平台、定制化服务、创新战略有效性以及创新孵化绩效的信度；其次，运用二阶验证性因子分析（CFA）探讨了资源整合（资源获取和资源利用）、动态学习（探索性学习、转化性学习和开发性学习）、网络编配（知识移动能力、创新独占能力和网络稳定能力）、价值平台、定制化服务、创新战略有效性以及创新孵化绩效的效度，包括 Cronbach's α 系数、组合信度（CR）、平均变异萃取量（AVE）。

（1）资源整合的信度与效度检验。资源获取、资源利用的 Cronbach's α 系数分别为 0.868、0.862，Cronbach's α 系数全都符合大于 0.7 划分标准；资源获取、资源利用的 AVE 值分别为 0.696、0.702，AVE 数值全部都大于 0.5，说明资源整合的调查问卷和测量题项具有良好的信度与效度，符合进一步实施结构方程模型检验的条件（如表 5.5 所示）。

表 5.5   **变量信度和效度（一）**

变量	指标数	Cronbach's α	CR	AVE
资源获取	4	0.868	0.910	0.696
资源利用	3	0.862	0.921	0.702

注：CR > 0.6，AVE > 0.5。

（2）动态学习的信度与效度检验。探索性学习、转化性学习和开发性学习的 Cronbach's α 系数分别为 0.898、0.921 和 0.809，Cronbach's α 系数全都符合大于 0.7 划分标准；探索性学习、转化性学习和开发性学习的 AVE 值分别为 0.731、0.763 和 0.800，AVE 数值全部都大于 0.5，说明动态学习的调查问卷和测量题项具有良好的信度与效度，符合进一步实施结构方程模型检验的条件（如表5.6所示）。

表5.6　　　　　　　　变量信度和效度（二）

变量	项数	Cronbach's Alpha	CR	AVE
探索性学习	4	0.898	0.915	0.731
转化性学习	4	0.921	0.928	0.763
开发性学习	4	0.809	0.941	0.800

注：CR>0.6，AVE>0.5。

（3）网络编配的信度与效度检验。知识移动能力、创新独占能力和网络稳定能力的Cronbach's α系数分别为0.904、0.927和0.896，Cronbach's α系数全都符合大于0.7划分标准；知识移动能力、创新独占能力、网络稳定能力的AVE值分别为0.673、0.654和0.647，AVE数值全部都大于0.5，说明网络编配的调查问卷和测量题项具有良好的信度与效度，符合进一步实施结构方程模型检验的条件（如表5.7所示）。

表5.7　　　　　　　　变量信度和效度（三）

变量	项数	Cronbach's Alpha	CR	AVE
知识移动能力	4	0.904	0.891	0.673
创新独占能力	4	0.927	0.883	0.654
网络稳定能力	4	0.896	0.880	0.647

注：CR>0.6，AVE>0.5。

（4）价值平台的信度与效度检验。价值平台的Cronbach's α系数为0.922，Cronbach's α系数符合大于0.7划分标准；AVE值为0.595，AVE数值大于0.5，说明价值平台的调查问卷和测量题项具有良好的信度与效度，符合进一步实施结构方程模型检验的条件（如表5.8所示）。

表5.8　　　　　　　　变量信度和效度（四）

变量	项数	Cronbach's Alpha	CR	AVE
价值平台	4	0.922	0.854	0.595

注：CR>0.6，AVE>0.5。

（5）定制化服务的信度与效度检验。定制化服务的 Cronbach's α 系数为 0.825，Cronbach's α 系数符合大于 0.7 划分标准；AVE 值为 0.716，AVE 数值大于 0.5，说明定制化服务的调查问卷和测量题项具有良好的信度与效度，符合进一步实施结构方程模型检验的条件（如表 5.9 所示）。

表 5.9 变量信度和效度（五）

变量	项数	Cronbach's Alpha	CR	AVE
定制化服务	4	0.825	0.910	0.716

注：CR>0.6，AVE>0.5。

（6）创新战略有效性的信度与效度检验。创新战略有效性的 Cronbach's α 系数为 0.918，Cronbach's α 系数符合大于 0.7 划分标准；AVE 值为 0.768，AVE 数值大于 0.5，说明创新战略有效性的调查问卷和测量题项具有良好的信度与效度，符合进一步实施结构方程模型检验的条件（如表 5.10 所示）。

表 5.10 变量信度与效度（六）

变量	项数	Cronbach's Alpha	CR	AVE
创新战略有效性	4	0.918	0.930	0.768

注：CR>0.6，AVE>0.5。

（7）创新孵化绩效的信度与效度检验。创新孵化绩效的 Cronbach's α 系数为 0.859，Cronbach's α 系数符合大于 0.7 划分标准；AVE 值为 0.769，AVE 数值大于 0.5，说明创新孵化绩效的调查问卷和测量题项具有良好的信度与效度，符合进一步实施结构方程模型检验的条件（如表 5.11 所示）。

表 5.11 信度分析结果（七）

变量	项数	Cronbach's Alpha	CR	AVE
创新孵化绩效	3	0.859	0.909	0.769

注：CR>0.6，AVE>0.5。

5.3 结构方程模型检验

5.3.1 初始模型构建

国外学者库弗托斯（Koufteros，1999）研究指出，结构方程模型（SEM）可以对每个待估计参数值的适合程度进行显著性检验，此外，还可以考量某个参数在自由估计的情况下所导致的显著性改变和模型整体适合度变化，其中涵盖了对能够解释若干组观测变量协方差的潜变量的检验。在当前以采用问卷法收集数据居多的管理研究中，结构方程模型是针对传统回归分析的弱点（变量观测性、多重共线性）而开发出来的并已得到广泛认可的数据分析方法（李怀祖，2004）。结构方程模型评价的核心内容就是模型拟合性，模型拟合性是指被构造的变量间关联的情形是否与实际数据拟合以及拟合的结果相符合。结构方程模型整体拟合优度指标主要包括绝对拟合优度指标（χ^2、$\chi^2/d.f$、AGFI、GFI）、增量拟合优度指标（CFI、TLI）和近似误差指数（RMR、RMSEA），模型拟合指数判断标准的具体情况如表 5.12 所示。

表 5.12　　　　SEM 模型的拟合优度判别标准汇总（N = 318）

简称	指数名称	判断标准
$\chi^2/d.f$	卡方值与自由度之比	<5（<3 更佳）
GFL	拟合优度系数	≥0.9
AGFL	调整拟合优度系数	≥0.8
CFL	比较拟合优度系数	≥0.9
TLL	Tucker-Lewis 指数	≥0.9
IFL	增值拟合优度系数	≥0.9
PGFL	简约拟合优度系数	≥0.5
NFL	规范拟合指数	≥0.9
RMSEA	近似误差均方根估计	≤0.1

资料来源：作者整理得到。

　　根据前面所建立的概念模型以及信度和效度检验结果的分析，本章可以采用结构方程模型分析技术构建"科技企业孵化器创新孵化跃迁路径"的初始结构方程模型（如图5.1所示），本模型中采用资源整合（外生潜变量）、动态学习（外生潜变量）、网络编配（外生潜变量）、定制化服务（内生潜变量）、创新战略有效性（内生潜变量）以及创新孵化绩效的在孵企业创新能力（内生潜变量）、成长能力和风险管理水平（内生潜变量）进行测量，并测算各路径系数以及整体模型的拟合优度指数。残差变量的引入是保证模型路径得到良好验证的有效方法。故而，模型中除了上述显变量和潜变量之外，还包括了从 e1～e14 共 14 个残差变量（residual variance），它们的路径系数默认值均为1。此外，本章还设置了 3 个控制变量（企业规模、合作时间、合作经验），在结构方程总模型中控制变量先不予考虑。

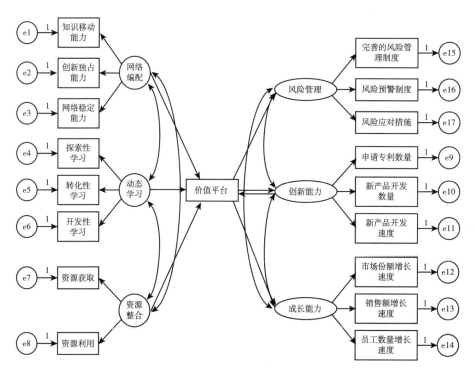

图5.1　初始结构方程模型

5.3.2 SEM 模型修正与确定

结构方程模型分析中初始模型未拟合成功属于正常现象，出现这种情况可以通过 AMOS 软件计算修正指数（modification indices，MI），去掉最大修正指数的路径，然后再通过观察拟合指数评价新模型的拟合情况。

为了说明资源整合的两个子维度资源获取和资源利用，动态学习的三个子维度探索性学习、转化性学习和开发性学习，网络编配的三个子维度知识移动能力、创新独占能力和网络稳定能力对价值平台、创新孵化绩效的作用机理，本章构建初始结构方程模型，运用 AMSO22.0 执行 SEM 分析。CMIN/DF 为 1.893，达到小于 3 标准，GFI、NFI、NNFI、IFI、CFI 均达到 0.9 以上的标准，RMSEA 为 0.046，小于 0.08，AGFI 为 0.895，小于 0.9，未达到理想值，其他的指标均达到理想值，因此模型需要进行修正。在 e14 与 e19 之间添加相关路径重新估计概念模型。根据修正后的实证分析结果可知，CMIN/DF 为 1.519，达到小于 3 标准，GFI、AGFI、NFI、NNFI、IFI、CFI 均达到 0.9 以上的标准，RMSEA 为 0.039，小于 0.08，各个拟合指标均符合一般研究的标准，故而，可以认为这个模型具有不错的配适度。

根据表 5.13 可知，资源获取对价值平台（$\beta = 0.251$，$p < 0.001$）具有显著正向影响，表明资源获取能力越强，价值平台的构建和发展越好，H1 通过验证；资源利用对价值平台（$\beta = 0.255$，$p < 0.001$）具有显著正向影响，表明资源利用能力越强，价值平台的构建和发展越好，H2 通过验证；探索性学习对价值平台（$\beta = 0.247$，$p < 0.001$）具有显著正向影响，表明探索性学习效果越好，价值平台的构建和发展越好，H3 通过验证；转化性学习对价值平台（$\beta = 0.272$，$p < 0.001$）具有显著正向影响，表明转化性学习效果越好，价值平台的构建和发展越好，H4 通过验证；开发性学习对价值平台（$\beta = 0.285$，$p < 0.001$）具有显著正向影响，表明开发性学习效果越好，价值平台的构建和发展越好，H5 通过验证；知识移动能力对价值平台（$\beta = 0.249$，$p < 0.001$）具有显著正向影响，表明知识移动能力越强，价值

平台的构建和发展越好，H6 成立；创新独占能力对价值平台（$\beta = 0.253$，$p < 0.001$）具有显著正向影响，表明创新独占能力越强，价值平台的构建和发展越好，H7 通过验证；网络稳定能力对价值平台（$\beta = 0.271$，$p < 0.001$）具有显著正向影响，表明网络稳定能力越强，价值平台的构建和发展越好，H8 通过验证；价值平台对创新孵化绩效（$\beta = 0.263$，$p < 0.001$）具有显著正向影响，表明科技企业孵化器价值平台的构建和发展越好，创新孵化绩效越显著，H9 成立。

表 5.13　　　　　　　　　　　路径系数

路径关系			标准化系数	非标准化系数	S. E.	C. R.	P
价值平台	←	资源获取	0.251	0.371	0.088	3.755	***
价值平台	←	资源利用	0.255	0.363	0.086	3.741	***
价值平台	←	探索性学习	0.247	0.281	0.085	3.287	***
价值平台	←	转化性学习	0.272	0.293	0.075	3.255	***
价值平台	←	开发性学习	0.285	0.301	0.083	3.388	***
价值平台	←	知识移动能力	0.249	0.374	0.087	3.765	***
价值平台	←	创新独占能力	0.253	0.352	0.085	3.774	***
价值平台	←	网络稳定能力	0.271	0.381	0.089	3.578	***
创新孵化绩效	←	价值平台	0.263	0.376	0.085	3.487	***

注：*** 表示 $P < 0.001$。

5.4　定制化服务与创新战略有效性的调节效应检验

根据前面分析可知，定制化服务与创新战略有效性对"搜索—学习—网络"视阈下科技企业孵化器创新孵化跃迁路径的影响关系产生调节作用。定制化服务与创新战略有效性情境下的科技企业孵化器创新孵化跃迁路径可能会产生不同创新孵化结果，因此，本章从定制化服务与创新战略有效性两个层面探讨其对"搜索—学习—网络"视阈下科技企业孵化器创新孵化跃迁路径的关系产生调节效应。

本章运用 SPSS17.0 软件对定制化服务与创新战略有效性进行比较分析，为度量顾客导向和学习导向对接包成功的作用机制，本章分别建立有关定制化服务与创新战略有效性的三个回归模型。模型 1 中只包括控制变量，模型 2 中在考虑控制变量的基础上添加调节变量，模型 3 在模型 2 的基础上增加了交互项，主要观测定制化服务与创新战略有效性情境下的科技企业孵化器创新孵化跃迁路径的调节作用。

5.4.1 定制化服务的调节效应

以价值平台为自变量，创新孵化绩效为因变量，定制化服务为调节变量做层次回归分析，结果如表 5.14 所示。第一步，价值平台进行回归分析时，R^2 为 0.147，回归系数显著；第二步，在第一步的基础上加入定制化服务进行回归分析，发现 R^2 增加至 0.179，且回归系数均显著；第三步，在第二步的基础上加入价值平台与定制化服务的交互项（价值平台×定制化服务）进行回归分析，R^2 增加至 0.187，且回归系数均显著，交互项的标准化回归系数为 0.143，故而得到定制化服务在价值平台对创新孵化绩效的影响中具有正向的调节作用，H10 成立。

表 5.14　定制化服务在价值平台对创新孵化绩效的影响中的调节作用

变量	创新孵化绩效		
	第一步	第二步	第三步
自变量			
价值平台	0.328 ***	0.381 ***	0.327 ***
调节变量			
定制化服务		0.294 *	0.245 ***
交互项			
价值平台×定制化服务			0.143 **
R^2	0.147	0.179	0.187
ΔR^2	0.176	0.025	0.019
ΔF	58.272 ***	11.893 **	6.585 *

注：* 表示 $p < 0.05$；** 表示 $p < 0.01$；*** 表示 $p < 0.001$。

5.4.2 创新战略有效性的调节效应

通过三个步骤的层次回归分析，将自变量设定为价值平台，因变量设定为创新孵化绩效，增加"价值平台×创新战略有效性"的交互项，表 5.15 为调节效应检验结果，结果表明，三次回归的 R^2 分别为 0.144、0.176 和 0.185，回归系数均显著。故而，创新战略有效性在价值平台对创新孵化绩效的影响中具有正向的调节作用，H11 成立。

表 5.15　　创新战略有效性在价值平台对创新孵化绩效的影响中的调节作用

变量	服务创新绩效		
	第一步	第二步	第三步
自变量			
价值平台	0.385 ***	0.336 ***	0.348 ***
调节变量			
创新战略有效性		0.263 *	0.255 ***
交互项			
价值平台×创新战略有效性			0.143 **
R^2	0.144	0.176	0.185
ΔR^2	0.176	0.028	0.017
ΔF	57.424 ***	11.885 **	6.586 *

注：* 表示 $p<0.05$；** 表示 $p<0.01$；*** 表示 $p<0.001$。

| 第6章 |

实证结果讨论

6.1 "搜索—学习—网络"视阈下科技企业孵化器创新孵化模式的内聚机理

6.1.1 资源整合与价值平台的内聚机理

资源整合（资源获取和资源利用）与科技企业孵化器价值平台的发展之间具有显著正向相关关系。这一研究结果表明，科技企业孵化器对外部稀缺性、价值性和不可模仿性资源的整合对于价值平台的提升具有至关重要的意义。在中国转型经济的超竞争市场环境下，科技企业孵化器竞争优势源于其通过获取和利用外部价值性资源不断提升技术能力和知识存量的升值和累积。对科技企业孵化器而言，价值平台持续发展的最大挑战是对异质性资源的获取和利用。由于科技企业孵化器所处的行业快速变化属性，其必须持续性地获取外部的价值性资源，将其与自身先验性资源进行整合、重置、加以利用，才能构建基于外部环境震荡的价值平台。由于科技企业孵化器价值平台的动态性特征，科技企业孵化器的资源整合过程和价值平台的构建与升级也是一个动态性的不断往复的演变过程，科技企业孵化器价值平台的构建与发展只有在资源整合的不断更新中才能保持动态能力的典型特征。

6.1.2　动态学习与价值平台的内聚机理

动态学习（探索性学习、转化性学习和开发性学习）与科技企业孵化器价值平台之间具有显著正向相关关系。科技企业孵化器对寓于外部创新网络中的价值性知识的吸收、传承、整合、扩散与再创造对价值平台的构建与发展具有至关重要的影响。在当前顾客需求动态性变化和创新迭代速度骤增的情境下，科技企业孵化器价值平台的提升以在外部创新网络关系的广泛空间中持续性进行动态学习为必要条件，科技企业孵化器动态学习不仅是知识深度的积累，同时也是知识宽度（知识多样性）的累积。科技企业孵化器价值平台持续发展的最大难题是如何将通过知识搜索战略获取的外部新知识与内部知识基进行有效融合，以探索性学习、转化性学习和开发性学习为基础的动态学习能力赋予科技企业孵化器价值平台构建与发展实现的可操作路径，动态学习效果越好，科技企业孵化器就越能将通过知识搜索战略获取的外部异质性知识进行整合、内化和创新，继而实现科技企业孵化器价值平台的构建与发展。

6.1.3　网络编配与价值平台的内聚机理

前人研究已经表明企业通过网络编配能力能够有效促进创新网络成员的跨组织协同以获取价值共创和机会捕捉（Ritala & Hurmelinna，2009）。然而却罕有学者在科技企业孵化器情境下将价值平台作为中介变量来探讨网络编配能力与创新孵化绩效的影响关系，且将定制化服务作为调节变量引入就更为鲜见。科技企业孵化器通过网络编配能力设计和改善孵化网络主体成员的知识移动、创新独占以及网络稳定，促进孵化网络成员的成长互动，推进科技企业孵化器价值平台的构建和持续发展。从实证研究结果来看：

首先，知识移动能力对价值平台构建和发展具有显著的正向影响。一方面，科技企业孵化器与外部创新网络组织保持关系互动可以推进彼此之间的知识转移和流动，由于知识溢出效应以及知识粘滞性的存在，科技企业孵化器难以如预期般顺利获取创新孵化所需的必要知识，知识移动能力可以赋予科技企业孵化器积极盘活和充分利用寓于创新网络成员间的知识基，继而形成融合多元化可利用知识的开放性的创新价值平台；另一方面，科技企业孵化器通过知识移动能力从外部创新网络获取技能、技术、经验、服务等专业化知识，促使异质性知识资源集聚，形成具有价值创造关键要素的生态平台，以帮扶在孵企业快速发育与成长。

其次，创新独占能力对价值平台构建和发展具有显著的正向影响。科技企业孵化器作为网络编配的核心在孵化网络参与主体间构建较高的组织创新合法性对价值平台的构建与发展具有直接影响。较高水平的创新独占能力可以有效克服处于创新孵化网络跟随地位成员的位置劣势，促使创新孵化网络成员互惠共享创新孵化红利以及享有平等互助的价值创新机会。换句话说，科技企业孵化器应该加速提升创新独占能力以促使更多的创新主体参与价值平台的构建与发展，同时为不同的创新孵化参与主体设计和制定具体的组织创新惯例、问题解决协商机制、创新价值分配政策以及创新专用性缓解机制等，以表明价值平台构建与发展的最终战略目标为服务每一个利益相关者。

最后，网络稳定能力对价值平台构建和发展具有显著的正向影响。科技企业孵化器必须采取合适的措施保持孵化网络的动态稳定，以保障价值平台的持续发展和构建。其一，科技企业孵化器较高的声誉度一方面可以极大地吸引外部创新孵化主体参与孵化网络，另一方面外部创新孵化主体与孵化器建立较强联结关系有助于在竞争激烈的市场中寻求合法性，继而为创新孵化网络稳定提供双重支撑；其二，科技企业孵化器与外部创新孵化主体的相互合作带来的预期收益和未来不确定性收益等影响当下合作行为，继而推进孵化网络合作；其三，科技企业孵化器可以通过构建多元化孵化网络拓展孵化网络关系的范围，提升孵化网络主体间的深度和广度融合。上述三方面措施无疑是科技企业孵化器价值平台构建和发展的重要载体。

6.2　价值平台对科技企业孵化器创新孵化模式的内聚机理

价值平台与科技企业孵化器创新孵化绩效之间具有显著正向相关关系。科技企业孵化器通过对寓于外部创新孵化网络中的资源、知识、技术、核心能力的汲取与整合构建和发展价值平台对创新孵化绩效提升具有不可或缺的影响。在当前创新创业的技术密集度持续升高、在孵企业需求不确定性以及创新速度骤增的情境下，科技企业孵化器创新孵化绩效的提升以为在孵企业快速发展和成功提供价值创造和汲取平台为必要条件，科技企业孵化器价值平台构建和发展不仅是多样性资源的累积，同时也是纵深动态能力的集成。科技企业孵化器创新孵化绩效持续跃迁的最大难题是如何进行网络编配能力持续优化和选配孵化网络参与主体，形成具有资源基础特征的价值平台，赋予科技企业孵化器创新孵化绩效实现的可操作路径，价值平台构建和发展的效果越好，科技企业孵化器就越能够通过网络编配能力促进价值平台的持续跃迁，继而提高科技企业孵化器创新孵化绩效。

6.3　定制化服务与创新战略有效性的调节作用分析

6.3.1　定制化服务的调节效应分析

定制化服务在价值平台与科技企业孵化器创新孵化绩效之间具有显著的调节作用。科技企业孵化器的定制化服务水平越高，越有利于促进科技企业孵化器的价值平台构建与发展，意味着越能够促进在孵企业的生存和发展，继而提升创新孵化绩效。科技企业孵化器价值平台为在孵企业提供生存和发展所必需的标准化服务和业务流程，定制化服务作为标准化服务的强力补充机制可以有效弥补标准化服务无法满足的在孵企业的个性化需求。科技企业孵化器有必要在价值平台构建和发展的基础上，主动与在孵企业对接，提供具有附加价值的专业化定制孵化业务，以解决在孵企业的动态性需求，继而集中价值平台和专业化定制优势推动在孵企业持续跃迁。

6.3.2　创新战略有效性的调节效应分析

创新战略有效性在知识场活性与科技企业孵化器服务创新绩效之间发挥显著的调节作用。科技企业孵化器创新战略有效性越高，与外部组织间知识场活性的场效应就越容易实现，意味着越能够准确地帮助科技企业孵化器定位在孵企业的创业要素所需，针对在孵企业的特定需求开展孵化服务的创新行为和活性，继而增加服务创新绩效。科技企业孵化器在孵化服务跃迁进程中无论是采用探索式创新还是利用式创新，只要持续、明晰地贯彻合适的创新战略，均会有利于科技型中小企业与外部网络组织的知识要素和创新资源"场"效应，有利于促进高层管理者构建具有可操作性、复杂完备的创新管理体系，最终促进突破性创新的实现。

6.4　"搜索—学习—网络"视阈下科技企业孵化器创新孵化的耦合路径

6.4.1　耦合路径一：以资源整合为导向，搭建多主体参与协同基础

通过上述多案例分析以及实证研究可以看出，资源整合是科技企业孵化器创新孵化的基础路径。全国各地涌现的孵化器无一例外将完善的资源基础设施作为孵化业务和孵化服务的基本硬件条件，如建设完好的可租用或免费使用的土地、厂房、办公室、会议室、接待室、试验设备、中试设备、检测

平台等，为在孵企业提供因初创期的"新生弱性"难以获取的发展和成长资源。2018 年 12 月科技部出台《科技部关于印发〈科技企业孵化器管理办法〉的通知》，明确提出孵化器的主要功能是围绕科技企业的成长需求，集聚各类要素资源，推动科技型创新创业，提供创业场地、共享设施、资源对接等服务，引导我国科技企业孵化器高质量发展，构建良好的科技企业成长生态。以长三角、珠三角、京津冀、粤港澳大湾区等为核心的区域均成为以科技企业孵化器为代表的创新载体建设成功典范和高发地区，其发展经验和发展模式对其他后发地区具有重大的借鉴意义和指导价值。

综上所述，"搜索—学习—网络"视阈下科技企业孵化器创新孵化跃迁路径的首要选择就是资源整合，科技企业孵化器应该以自身为圆心，将资源整合半径扩大至地方政府、行业协会、高等院校、科研机构、生产制造企业等利益相关组织，通过合作、合资、联盟等多种方式共同打造适于在孵企业成长和发展的资源聚合体。科技企业孵化器为在孵企业提供共享的商业服务（如物业管理）、硬件基础设施租赁与共享（如共享会议室、创客室、员工食堂、会晤室等）、资源设备的使用（如互联网、中试车间、检验检测设备、平台等）以及科技企业孵化器内部交流平台，创造良好的创业文化、组织氛围和创业环境，科技企业孵化器以"辅导员"和"教练员"的身份出现在知识转移和技术商业化的全过程，为在孵企业提供贴心的功能性服务。也就是说，在孵企业通过共享孵化器中的实体性资源、价值性信息等显性知识以获得"类租金流"，继而降低企业运营成本、实现价值增值达到规模经济和范围经济效应。科技企业孵化器资源支撑发展路径属于孵化器发展的初级层次，是科技企业孵化器进一步深入发展的基石。

6.4.2　耦合路径二：以动态学习为指导，匹配在孵企业需求

资源整合是科技企业孵化器提升孵化绩效和效率的基础保障，而动态学习是科技企业孵化器创新孵化的重要攀升路径。对在孵企业而言，优质的硬

件资源仅能弥补其"新生弱性"导致的先天不足，后天发展和成长的关键在于组织结构、组织惯例以及科技企业孵化器提供的孵化功能模块为其提供的成长动力和空间，在孵企业的先验性知识与外部价值性知识的有机结合的效率和效果至关重要，通过"孵化器—在孵企业—外部多元主体"形成的学习效应和创新效应塑造持续发展动力和赶超追赶能力。越来越多的科技企业孵化器为在孵企业提供专业服务能力和水平升级服务，如专家讲座、培训班、小组讨论、圆桌会议以及现场教学等学习方式，并有针对性地邀请国家有关部门领导、行业资深专家、创新创业研究学者、创业成功人士以及业界领军人物等围绕创新创业高质量发展、科技成果转化应用以及科技金融与风险投资等内容，结合案例讲解，对在孵企业的创业者进行全方位培训。

综上所述，"搜索—学习—网络"视阈下科技企业孵化器创新孵化跃迁路径的递进路径为动态学习。科技企业孵化器对寓于外部创新网络中的价值性知识的吸收、传承、整合、扩散与再创造对创新孵化绩效提升具有至关重要的影响。在当前在孵企业需求动态性变化和创新迭代速度骤增的情境下，科技企业孵化器创新孵化效果和质量的提升以从外部创新网络关系的广泛空间中持续性进行动态学习为必要条件，科技企业孵化器动态学习不仅是知识深度的积累，同时也是知识宽度（知识多样性）的累积。科技企业孵化器创新孵化持续跃迁的最大难题是如何将通过知识搜索战略获取的外部新知识与内部知识基进行有效融合，以探索性学习、转化性学习和开发性学习为基础的动态学习能力赋予科技企业孵化器创新孵化绩效实现的可操作路径。此外，本书中涉及的科技企业孵化器不约而同地设立技术研究中心、技术团队、服务团队等典型学习组织，为具有创新需求的在孵企业提供技术研发、技术转移以及创新管理等方面的学习交流机会和技术解决服务，极大地提升科技企业孵化器"软增值服务"和"硬增值服务"的有机融合。故而，科技企业孵化器应该积极为在孵企业搭建高质、高效的组织学习平台，为在孵企业跨组织间的合作与创新创造机会。

6.4.3　耦合路径三：以网络编配为手段，形成全链条孵化生态模式

　　科技企业孵化器孵化模式已经从传统保姆型孵化转向全链条式再向创业生态系统升级的孵化模式，在全球化、网络经济、开放式创新生态的复杂环境下实现科技企业孵化器创新孵化跃迁亟待将线性思维模式转向非线性思维模式，而网络编配正是科技企业孵化器创新孵化的终极突破路径。随着创新网络的构建和持续演化，企业聚焦点不断经历着战略需求变动引发的知识感知和获取到更加具体的创新合作议程（组织协同、合作学习等具体环节）的动态演化过程。在孵企业实现自负盈亏、顺利从孵化器毕业是科技企业孵化器运行的重要目标和关键步骤，科技企业孵化器提供更加聚焦的一对一、点对点的专业化的孵化服务是成功的关键所在。

　　跨越组织边界限制的开放式合作逐渐在商业奇迹迸发下兴起，科技企业孵化器要实现创新孵化跃迁单纯依靠内部资源和能力难以满足在孵企业的差异化需求，利用网络编配能力持续迭代创新网络、嵌入价值网络对孵化服务和孵化质量的完善与更新具有不可磨灭的作用。科技企业孵化器通过知识移动能力、创新独占能力和网络稳定能力构建与完善针对具体孵化需求的协同创新网络可以有效降低运营成本、找寻成本，加速资源和信息在不同企业间的流动，从而降低科技企业孵化器的交易成本，通过已构建的创新网络资源共享、联合使用、再利用进一步提升创新孵化的价值增值效应，同时与外部合作网络实现价值共创，形成可持续共演的创业生态系统。如开展"大院大所合作对接会""重大创新载体与重点企业成果对接及产学研合作交流会"等活动，科技企业孵化器应该以服务创新为目标，在条件成熟的情况下积极嵌入协同创新网络，以促进孵化器以及在孵企业的进一步发展。

第 7 章

结论与展望

7.1 研究结论

    科技企业孵化器作为国家"双创"战略背景下保持经济转型和价值增长的重要载体为在孵企业提供发展规划、管培指导以及金融帮扶等基本服务，继而弥补新创企业知识基缺口，促使其生存和成长。伴随着云计算、物联网、互联网＋等理念的发展，以数字技术为基础的创新在多领域迸发，商业模式和新业态不断涌现，产业与经济形态不断重塑，企业嵌入价值性平台成为获取持续竞争优势及实现价值创新的关键之匙。全链条孵化创新背景下，科技企业孵化器如何设计、配置和重构跃迁路径引起广泛关注，高度重视多重理论视角的理论解析成为开放式创新孵化的有效途径。创新孵化多主体、多要素、多维度的特征注定了孵化合作跃迁除了依赖孵化器自身外，与外部孵化网络主体间的全方位合作也是其不可或缺的关键元素。以"搜索—学习—网络"理论框架为基础的理论范式驱动科技企业孵化器由封闭式孵化模式转向开放式创新孵化模式，故而，本书以系统理论、资源基础理论、动态能力理论、组织间关系理论、组织学习理论以及开放式创新理论等为基础，构建了"搜索—学习—网络"视阈下科技企业孵化器创新孵化跃迁路径的理论框架和概念模型，从资源基础理论、动态能力理论和组织间关系理论的视角出发，结合全链条孵化的跨组织合作的典型特征，将"搜索—学习—网络"理论框架的跃迁路径指向资源整合、动态学习以及网络编配的三维度进路，继而探讨三维度模块对创新孵化绩效（创新能力、成长能力和风险管理水平）的影响机理，并引入定制化服务和创新战略有效性作为调节变量，深刻挖掘调节变量在"搜索—学习—网络"视阈下科技企业孵化器创新孵化跃迁路径的影响作用。

本书遵循"提出问题—分析问题—解决问题"的研究主线，围绕"搜索—学习—网络"理论框架的如何引入以及"创新孵化跃迁路径如何解构"这些根本问题，基于资源基础理论、动态能力理论和组织间关系理论等理论基石，探讨了"搜索—学习—网络"视阈下科技企业孵化器创新孵化跃迁路径的影响机理。全书主要研究了三个问题：（1）"搜索—学习—网络"理论框架如何引入？基于"搜索—学习—网络"视阈的科技企业孵化器内涵是什么？（2）科技企业孵化器创新孵化绩效如何界定？与孵化绩效存在哪些差异？经历了哪些历史演进过程？创新孵化绩效包括哪些具体维度？（3）资源整合、动态学习、网络编配对科技企业孵化器创新孵化绩效的影响机理是怎样的？价值平台和定制化服务、创新战略有效性等在其中发挥怎样的作用？

整个研究在规范理论与组合方法充分结合的研究基础上，通过企业实地调研和深度访谈，运用扎根理论展开多案例分析的质性研究，辅以大样本数据的定量研究，以 SPSS 和 AMOS 为主要分析工具，对提出的概念模型和研究假设进行论证，得出如下四方面主要结论。

7.1.1　资源整合、动态学习和网络编配是"搜索—学习—网络"理论框架下科技企业孵化器创新孵化跃迁的有效进路

通过对国内外相关文献的梳理和分析，本书将"搜索 学习 网络"理论框架下科技企业孵化器创新孵化跃迁的有效路径界定为资源整合、动态学习和网络编配。资源基础理论视角下的科技企业孵化器聚焦于如何为在孵企业提供资源支撑及其辅助服务，继而降低运营成本、获取竞争优势。动态能力理论视角下的科技企业孵化器的核心在于如何通过组织学习持续性建立价

值平台以帮助在孵企业建立可操作的程序规则和组织惯例。组织间关系理论视角下的科技企业孵化器聚焦于在孵企业通过孵化器的关系嵌入网络与外部组织构建复杂的网络关系以获取外部价值性资源。科技企业孵化器通过资源整合促进在孵企业在"内忧外患"的环境下突破资源约束、推动机会开发、促进资源能力形成、提升资源配置能力、克服新小弱性及形成竞争优势等；科技企业孵化器通过动态学习获取可选择优势，例如：发现多元化的异质性资源、寻找最佳孵化模式、运行更好的组织结构、高效配置孵化资源和方法、识别机会以及获取技术先行者优势等；科技企业孵化器通过网络编配推动创新网络进化发展的重要战略手段，同时网络编配能力能够催化寓于创新网络中的分散、碎片化的创新资源跨越组织边界限制进行高效流动和转移，解决网络经济与学习经济双重嵌入背景下由于复杂性需求和技术变革加速等多重动荡环境引致的创新"模糊性"问题。

7.1.2 创新孵化绩效聚焦于在孵企业创新能力、成长能力和风险管理能力三个层面

通过对国内外相关文献的梳理和分析，本书将创新孵化界定为革新与技术孵化，是指由孵化器依靠自身的孵化能力、孵化服务以及孵化网络，从资源共享、商业服务支持、管培指导及金融支持等方面对在孵企业展开哺育与滋养，旨在帮助在孵企业提升技术创新能力、成果转化水平以及风险规避能力等，继而实现在孵企业的迅速成长。创新孵化绩效作为衡量孵化器孵化能力和绩效水平的关键指标是孵化网络与在孵企业联合价值创造产生的共有价值反映，应该同时考虑在孵企业的生存和发展状态、在孵企业的创新能力以及整个孵化过程中的风险管理水平。孵企业创新能力包括企业申请专利数量、企业的新产品开发数量、企业的新产品开发速度；在孵企业成长能力包括企业市场份额增长速度、企业销售额增长速度、企业员工数增长速度；在孵企业风险管理水平包括完善的风险管理制度、预测出近期可能出现的风险并提前做好了准备、开展的风险应对措施达到预期目标。

7.1.3　创新孵化跃迁路径的不同维度对获取创新孵化绩效发挥着至关重要的影响

通过国内外相关文献的梳理和理论分析，本书深入"搜索—学习—网络"理论框架下创新孵化跃迁路径——资源整合、动态学习、网络编配、价值平台构建与发展以及创新孵化绩效之间的影响关系，构建了概念模型和相关研究假设，并运用 SPSS 和 AMOS 对 318 份样本数据进行数理分析，验证了资源整合、动态学习和网络编配对价值平台、创新孵化绩效的影响机理。研究结果表明，资源整合、动态学习和网络编配对价值平台的构建与发展具有明显的正向影响，价值平台构建和发展的越好，科技企业孵化器创新孵化绩效越高。

7.1.4　定制化服务与创新战略有效性对价值平台与创新孵化绩效之间的调节效应差异

本书将定制化服务和创新战略有效性作为调节变量引入概念模型，探讨了两者对价值平台构建与发展与创新孵化绩效之间的调节作用。研究结果显示，定制化服务对价值平台构建与发展与创新孵化绩效之间具有正向调节效应，创新战略有效性对价值平台构建与发展与创新孵化绩效之间均产生正向作用。科技企业孵化器应该在孵化合作实践中，针对不同情况有针对性地提供定制化服务以对在孵企业实现一对一的孵化匹配，同时不断调整自身的创新战略，使其与外部生态环境以及在孵企业的不同成长周期相对接，继而提升创新孵化的效率和效果。

7.2　研究创新点

本书的创新点主要体现在如下几个方面。

（1）以"搜索—学习—网络"理论为支点，构建科技企业孵化器创新孵化的"资源整合—动态学习—网络编配"的内在产生机理模型，从科技企业孵化器面向市场和历史演变的视角入手，提出"资源整合—动态学习—网络编配"的科技企业孵化器创新孵化的理论分析框架（如图7.1所示）。

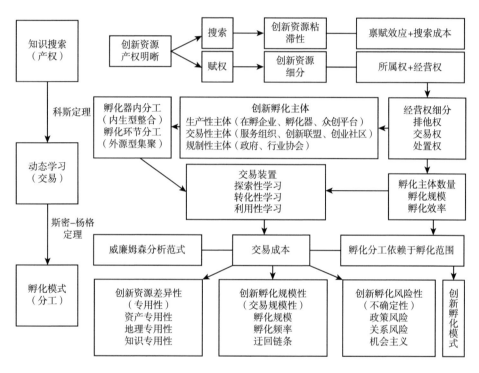

图7.1 科技企业孵化器创新孵化跃迁路径理论框架模型

（2）科技企业孵化器创新孵化是基于外源性创新要素集聚（科技园区、高校、科研院所等产业价值链）和内生性创新要素整合（众创空间—孵化器—加速器的全链条化）的复杂运动过程，强调多方创新要素的有序流动和深度融合。科技企业孵化器提供点对点式的资源匹配服务才能将知识和技术能力传递给在孵企业，价值平台被认为是创新孵化参与主体间共同整合和协同的主要路径，通过构建资源整合、动态学习及网络编配与价值平台的概念模型，剖析其中的影响机理，有助于提升科技企业孵化器创新孵化绩效（如图7.2所示）。

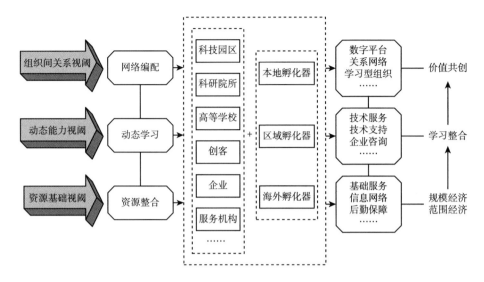

图 7.2 "搜索—学习—网络"视阈下科技企业孵化器的内涵

（3）以优化科技企业孵化器内外创新要素配置效率为目标，通过对不同理论层面权变因素的内聚度和耦合度的动态变化过程的比较，确定出合理的创新孵化跃迁路径，并分析纵向产业链和水平价值链在创新孵化主体之间的转移和让渡（如图 7.3 所示）。

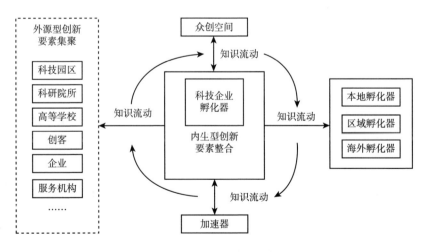

图 7.3 全链条孵化示意

（4）预期引入创新战略有效性和定制化服务作为调节变量，研究其对于

"搜索—学习—网络"视阈下科技企业孵化器创新孵化绩效的调节作用，考察创新战略有效性和定制化服务在"搜索—学习—网络"视阈下科技企业孵化器创新孵化绩效的影响作用过程中所发挥的调节效应。

7.3　研究展望

科技企业孵化器创新孵化对国家创新驱动战略实现、自主创新体系构建以及中美贸易摩擦背景下核心技术突破等现实与历史发展需要极具理论价值和重大实践意义的研究问题，学界、业界、政界亟待持续拓展和着眼于对创新能力具有核心助推作用的孵化器未来发展问题。与此同时，关于如何提升创新孵化绩效、破解孵化模式困局等方面的研究已然成为创新创业领域、创新生态系统以及组织行为学等领域的新焦点，诸多新模式、新业态、新技术以及新生变量的加入致使科技企业孵化器创新孵化无论是在理论还是实践层面均存在较大的研究空间和突破点，笔者认为，未来研究重点可以从以下几个方面开展。

7.3.1　新时代背景下西方经典理论纳入中国情境中科技企业孵化器创新孵化研究深度的进一步挖掘

新时代背景下，技术群落爆发式增长、新商业模式和新型经济态势不断涌现，科技企业孵化器在这样动态复杂环境下对在孵企业的孵化面对前所未有的机遇与挑战。创新孵化表现出动态、协同、嵌入等多重特征，基于交易成本理论、组织学习理论、社会交换理论、网络关系理论以及创新生态系统理论在内的诸多西方经典理论的科技企业孵化器创新孵化深入探索和剖析亟待开展，学界和业界持续关注创新孵化的跃迁如何实现，不同的理论角度和研究切入点将带来不同的跃迁路径，且创新孵化跃迁除了需要从理论高度加以剖析之外，还要同时考虑嵌入其中的权变因素以及外部环境因素变化引致的全链条孵化的组织间关系导向、关系变迁以及关系专用性等问题，而在中国的孵化合作情境下，是否还存在其他变量影响全链条孵化的动态演变，尚需未来的进一步论证。

7.3.2　引入差异性中介变量考察其对不同理论层面孵化路径与孵化绩效之间的影响效应

平台经济已经在全球范围内兴起，企业创造价值平台可以为网络时代的企业间合作关系以及价值增值创造难以替代和难以模仿的竞争优势。笔者在研究期间发现，科技企业孵化器通过与创新孵化网络间各参与主体的孵化合作提升自身孵化平台持续建设的同时，孵化器与孵化网络成员会形成微妙的组织间关系，即场效应下的创新要素转移和配置。场效应带来的辐射广度和深度对于创新孵化绩效的影响也是未来研究的一个重大突破口。

7.3.3　创新孵化绩效的成长路径

创新孵化效率和效果的实现不仅取决于科技企业孵化器与孵化网络成员共同缔造的涵盖资源、能力和关系属性在内的价值平台，也依赖于在孵企业在孵化器搭建的价值平台载体中与价值链、产业链和创新链中嵌入的关系租金的识别、构建以及拓展。"溢出效应"和"吸收能力"的存在可以促使在孵企业通过组织学习不断提升自身的核心竞争力，逐步提高自身的生存能力和创新能力。故而，在孵企业的成长路径与创新孵化是互相促进、相辅相成的，未来研究中也可以从在孵企业的视角出发，探讨与孵化器的跨组织互动关系如何影响孵化绩效。

参 考 文 献

[1] 陈伟，张旭梅. 供应链伙伴特征、知识交易与创新绩效的实证研究 [J]. 科研管理，2011，32 (11)：7 – 17.

[2] 陈旭润，叶明海. 组织间关系：基于亲密程度的新视阈 [J]. 现代管理科学，2014 (8)：24 – 26.

[3] 陈晓萍，徐淑英，樊景立. 组织与管理研究的实证方法 [M]. 北京：北京大学出版社，2008.

[4] 迟考勋，邵月婷. 商业模式创新、资源整合与新创企业绩效 [J]. 外国经济与管理，2020，42 (3)：3 – 16.

[5] 郭俊峰，霍国庆，袁永娜. 基于价值链的科技企业孵化器的盈利模式分析 [J]. 科研管理，2012，34 (2)：69 – 76.

[6] 胡海青，王兆群，张琅. 孵化器控制力对创新孵化绩效的影响：一个有调节的中介效应 [J]. 南开管理评论，2017，20 (6)：150 – 162 + 177.

[7] 胡海青，李浩. 孵化器领导力与孵化网络绩效实证研究 [J]. 管理评论，2016，28 (3)：164 – 172.

[8] 何晴，张黎群. 组织间管理控制模式与机制研究评介 [J]. 外国经济与管理，2009 (10)：47 – 53.

[9] 何建洪. 创新型企业的形成路径：基于技术能力和创新战略作用的实证分析 [J]. 中国软科学，2012 (4)：143 – 152.

［10］韩炜，杨俊，陈逢文，张玉利，邓渝．创业企业如何构建联结组合提升绩效？——基于"结构—资源"互动过程的案例研究［J］．管理世界，2017（10）：130－149＋188．

［11］蒋仁国，张旻，张宝剑．企业孵化器组织的网络化机理研究述评［J］．经济问题探索，2011（5）：80－84．

［12］姜骞，王丹，唐震．网络编配能力、价值平台与创新孵化绩效——定制化服务的调节效应［J］．软科学，2019，33（2）：118－121＋134．

［13］姜骞，刘强，唐震．创新网络关系治理对科技型中小企业突破性创新的影响机理——知识场活性的中介效应［J］．科技进步与对策，2017，34（12）：78－84．

［14］金立印，邹德强，裘理瑾．服务定制情境下选项的战略呈现：呈现框架对消费者选择的影响［J］．南开管理评论，2009，12（6）：90－100．

［15］科学技术部火炬高技术产业开发中心．中国创业孵化发展报告（2022）［M］．北京：科学技术文献出版社，2022．

［16］科技技术部办公厅．国家科技企业孵化器"十三五"发展规划［EB/OL］．科技部火炬中心官网，http：//www. chinatorch. gov. cn/fhq/gztz/201707/ca0df74467ff491aa53b6aea638abebe/files/b450502614c746cca8534aae8889c66e. pdf，2017－7－3．

［17］李怀祖．管理研究方法论［M］．西安：西安交通大学出版社，2004．

［18］李兴旺，王迎军．企业动态能力理论综述与前瞻［J］．当代财经，2004（10）：103－106．

［19］李苗新，陆强．中国管理学案例研究：综述与评估［J］．科研管理，2010（5）：35－44＋101．

［20］刘新梅，赵旭，张新星．企业高层长期导向对新产品创造力的影响研究——基于资源编排视阈［J］．科学学与科学技术管理，2017，38（3）：44－55．

［21］唐丽艳，周建林，王国红．社会资本、在孵企业吸收能力和创新

孵化绩效的关系研究［J］．科研管理，2014，35（7）：51－59．

　　［22］罗珉，何长见．组织间关系：界面规则与治理机制［J］．中国工业经济，2006（5）：87－95．

　　［23］罗珉．组织间关系理论最新研究视阈探析［J］．外国经济与管理，2007（1）：25－32．

　　［24］马庆国．应用统计：数理统计方法、数据获取与 SPSS 应用［M］．北京：科学出版社，2005．

　　［25］毛基业，张霞．案例研究方法的规范性及现状评估［J］．管理世界，2008（4）：115－121．

　　［26］倪荫林．关于概念的新定义及其逻辑学意义［J］．社会科学，1998（6）：18－24．

　　［27］邱国栋，马鹤丹．创新孵化与风险投资互联的区域创新系统研究［J］．中国软科学，2010（2）：97－106．

　　［28］屈维意，周海炜，姜骞．组织间关系维度分析及其实证研究［J］．情报杂志，2011（8）：169－174＋207．

　　［29］苏志文．基于并购视阈的企业动态能力研究综述［J］．外国经济与管理，2012（10）：48－56．

　　［30］唐丽艳，周建林，王国红．社会资本、在孵企业吸收能力和创新孵化绩效的关系研究［J］．科研管理，2014，35（7）：51－59．

　　［31］唐青青，谢恩，梁杰．知识库与突破性创新：关系嵌入强度的调节［J］．科学学与科学技术管理，2015，36（7）：21－29．

　　［32］王康，李逸飞，李静，赵彦云．孵化器何以促进企业创新？——来自中关村海淀科技园的微观证据［J］．管理世界，2019，35（11）：102－118．

　　［33］王重鸣．管理心理学［M］．北京：人民教育出版社，2001．

　　［34］王业静，于海云．二元创新战略对新创企业绩效的影响机制研究：产学研合作的调节作用［J］．研究与发展管理，2018，30（4）：118－127．

　　［35］王栋，陈通．知识型员工双重社会网络对企业创新绩效作用机制

研究［J］. 科技进步与对策，2019，36（6）：128 - 137.

［36］伍蓓，陈劲，蒋长兵. 企业 R&D 外包的维度结构及实证研究［J］. 科学学研究，2010（6）：872 - 880.

［37］吴瑶，葛殊. 科技企业孵化器商业模式体系构建与要素评价［J］. 科学学与科学技术管理，2014，35（4）：163 - 170.

［38］吴玉伟，施永川. 科技型小微企业"硬"科技创业动力要素与孵化模式研究［J］. 科学管理研究，2019，37（1）：70 - 73.

［39］谢康，吴瑶，肖静华，廖雪华. 组织变革中的战略风险控制——基于企业互联网转型的多案例研究［J］. 管理世界，2016（2）：133 - 148.

［40］姚艳虹，李扬帆. 企业创新战略与知识结构的匹配性研究［J］. 科学学与科学技术管理，2014（10）：150 - 158.

［41］阎明宇. 创新集群网络对科技企业孵化器绩效的影响研究［J］. 财经问题研究，2014（8）：92 - 99.

［42］张锡宝. 网络型孵化器及其对我国科技孵化器发展的启示［J］. 科技管理研究，2007，27（9）：67 - 68.

［43］张鲁彬，柳进军，刘学. 国内外创业孵化模式比较与启示［J］. 现代管理科学，2015（10）：3 - 6.

［44］祝振铎，李新春. 新创企业成长战略：资源拼凑的研究综述与展望［J］. 外国经济与管理，2016，38（11）：71 - 82.

［45］赵红岩，蒋双喜，杨畅. 吸收能力阶段演化与企业创新绩效——基于上海市高新技术产业的经验分析［J］. 外国经济与管理，2015，37（2）：3 - 17.

［46］朱朝晖. 探索性学习、挖掘性学习和创新绩效［J］. 科学学研究，2008，26（4）：860 - 867

［47］Aarikk-Stenroos L.，Jaakkola E.. Value co-creation in knowledge intensive business services：A dyadic perspective on the joint problem solving process［J］. Industrial Marketing Management，2012，41（1）：15 - 26.

［48］Adkins，D.. A Brief History of Business Incubation in the United

States [M]. National Business Incubation Association, Athens, Ohio, 2002.

[49] Alegre J. , Chiva R. . Linking Entrepreneurial Orientation and Firm Performance: The role of organizational learning capability and innovation performance [J]. Journal of Small Business Management, 2013, 51 (4): 491 – 507.

[50] Anjos, Fernando. Resource configuration, inter-firm networks, and organizational performance [J]. Mathematical Social Sciences, 2016 (82): 37 – 48.

[51] Angel S. , Jose M. H. G. , Geert D. , et al. . The value for innovation of inter-firm networks and forming alliances: A metnalytic model of indirect effects [J]. Computers in Human Behavior, 2016 (64): 285 – 298.

[52] Anne H. G. , Etty R. N. . Orchestrating innovative SME networks: The case of "health innovation" [J]. Journal of the Knowledge Economy, 2011, 2 (4): 586 – 600.

[53] Barney J. B. . Firm resources and sustained competitive advantage [J]. Advances in Strategic Management, 1991, 17 (1): 99 – 120.

[54] Baldwin C. Y. , Jason W. C. . The architecture of platforms: A unified view [M]. Platforms Markets & Innovation, 2009.

[55] Bergek, A. , Norrman, C. . Incubator best practice: A framework [J]. Technovation, 2008, 28 (1): 20 – 28.

[56] Brown J. S. , Duguid P. . Knowledge and organization: a social-practice perspective [J]. Organization Science, 2001, 12 (2): 198 – 213.

[57] Cusumano M. A. , Gawer A. . The elements of platform leadership [J]. IEEE Engineering Management Review, 2002, 43 (3): 52 – 58.

[58] Chandler, G. N. and S. H. Hanks. Founder competence, the environment, and venture performance [J]. Entrepreneurship Theory and Practice, 1994, 18 (3): 77 – 89.

[59] Das, T. K. , Teng, B. S. . Between trust and control: developing confidence in partner cooperation in alliances [J]. Academy of Management Review,

1998, 23 (3): 491 - 512.

[60] Dhanasai C. , Parkhe A. . Orchestrating innovation networks [J]. Academy of Management Review, 2006, 31 (3): 659 - 669.

[61] Dyer J. H. , Singh H. . The relational view: cooperative strategy and sources of interorganizational competitive advantage [J]. The Academy of Management Review, 1998, 23 (4): 660 - 679.

[62] Eisenhardt K. M. , Martin J. A. . Dynamic capabilities: what are they? [J]. Strategic Management Journal, 2000, 21 (10 - 11): 1105 - 1121.

[63] Eisenhardt, K. M. . Building Theories from Case Study Research [J]. Academy of Management Review, 1989, 14 (4): 532 - 550.

[64] Eloranta V. , Turunen T. . Platforms in service-driven manufacturing: Leveraging complexity by connecting, sharing, and integrating [J]. Industrial Marketing Management, 2016 (55): 178 - 186.

[65] Franke N. , Hippel E. V. . Satisfying heterogeneous user needs via innovation toolkits: the case of Apache security software [J]. Research Policy, 2003, 32 (7): 1199 - 1215.

[66] Fynesa B. , Burcaa S. , Mangan J. . The Effect of Relationship Characteristics on Relationship Quality and Performance [J]. International Journal of Production Economics, 2008 (1): 56 - 69.

[67] Garriga H. , Von krogh G. , Spaeth S. . How constraints and knowledge impact open innovation [J]. Strategic Management Journal, 2013, 34 (9): 1134 - 1144.

[68] Gawer A. , Cusumano M. A. . Industry platforms and ecosystem innovation [J]. Journal of Product Innovation Management, 2013, 31 (3): 417 - 433.

[69] Grimaldi, R. , Grandi, A. . Business incubators and new venture creation: An assessment of incubating models [J]. Technovation, 2005, 25 (2): 111 - 121.

［70］ Gummesson, E.. Qualitative methods in management research ［M］. London: Sage, 1991.

［71］ Gulati R. , Nohria N. , Zaheer A.. Strategic networks ［J］. Strategic Management Journal, 2000, 21（3）: 203 – 215.

［72］ Guan J.. Comparison study on industrial innovation between china and some European countries ［J］. Production and Inventory Management Journal, 2002, 43（4）: 30 – 46.

［73］ Han H. S. , lee J. N. , Seo Y. W.. Analyzing the impact of a firm's capability on outsourcing success: a process perspective ［J］. Information & Management, 2008（45）: 31 – 42.

［74］ Hackett, S. M. , Dilts, D. M.. A systematic review of business incubation research ［J］. Journal of Technology Transfer, 2004, 29（1）: 55 – 82.

［75］ Hansson, F. , Husted, K. and Vestergaard, J.. Second generation science parks: From structural holes jockeys to social capital catalysts of the knowledge society ［J］. Technovation, 2005, 25（9）: 1039 – 1049.

［76］ Heimeriks K. , Duysters G.. Alliance capability as a mediator between experience and alliance performance: An empirical investigation into the alliance capability development process ［J］. Journal of Management Studies, 2007, 44（1）: 25 – 49.

［77］ Hughes, M. , Ireland, R. D. , Morgan, R. E.. Stimulating dynamic value: Social capital and business incubation as a pathway to competitive success ［J］. Long Range Planning, 2007, 40（2）: 154 – 177.

［78］ Itami, H.. Mobilizing invisible assets. Cambridge ［M］. MA: Harvard Univeisity Press, 1987.

［79］ InBIA. International business incubation associatio-business incubation ［OL］. http: //www. inbia. org, 2016 – 2 – 1.

［80］ Jeffrey P. , Gerald R.. Salancik. The external control of organizations: a resource dependence perspective ［M］. New York: Harper & Row, 1978.

[81] Johan B. , Tiago R. , Bart C. , Aard G. . The Evolution of Business Incubators: Comparing demand and supply of business incubation services across different incubator generations [J]. Technovation, 2012 (32): 110 –121.

[82] Jifke S. , Pieter J. B. , Arjen E. J. W. . Social learning in regional innovation networks: trust, commitment and reframing as emergent properties of interaction [J]. Journal of Cleaner Production, 2013, 49 (6): 35 –43.

[83] Kathleen K. M. , Matin J. A. . Dynamic capabilities: What are they? [J]. Stratigic Management Journal, 2000 (21): 1105 –1121.

[84] Kale P. , Singh H. . Building firm capabilities through learning: the role of the alliance learning process in alliance capability and firm-level alliance [J]. Strategic Management Journal, 2007, 28 (10): 981 –1000.

[85] Karpen I. O. , Bove L. L. , Lukas B. A. . Linking service-dominant logic and strategic business practice [J]. Journal of Service Research, 2012, 15 (1): 21 –38.

[86] Koufteros X. A. . Testing a model of pull production: A paradigm for manufacturing research using structural equation modeling [J]. Journal of Operations Management, 1999 (17): 467 –488.

[87] Lambe C. J. , Spekman R. E. . Alliances, external technology acquisition, and discontinuous technological change [J]. Journal of Product Innovation Management, 1997, 14 (2): 102 –116.

[88] Lamin A. , Dunlap D. . Complex technological capabilities in emerging economy firms: the role of organizational relationships [J]. Journal of International Management, 2011 (17): 211 –228.

[89] Lane P. J. , Koka B. R. , Pathak S. . The reification of absorptive capacity: a critical review and rejuvenation of the construct [J]. Academy of Management Review, 2006, 31 (31): 833 –863.

[90] Leonard B. D. . Core capabilities and core rigidities: a paradox in managing new product development [J]. Strategic Management Journal, 1992, 13:

111 – 125.

[91] Liu C. L. , Pervez N. , Ghauri, R. R. . Understanding the impact of relational capital and organizational learning on alliance outcomes [J]. Journal of World Business, 2010 (45): 237 – 249.

[92] Marijn V. W. , Frank J. R. , Frans N. . You can't always get what you want: How entrepreneur's perceived resource needs affect the incubator's assertiveness [J]. Technovation, 2017 (59): 18 – 33.

[93] Maura, M. , Rodney M. . High tech start-ups in University Science Park incubators: the relationship between the start-up's lifecycle progression and use of the incubator's resources [J]. Technovation, 2008, 28 (5): 277 – 290.

[94] Macdonald E. K. , Kleinaltenkamp M. , Wilson H. N. . How business customers judge solutions: solution quality and value in use [J]. Journal of Marketing, 2016, 80 (3): 96 – 120.

[95] McEvily B. , Zaheer A. . Bridging Ties: a source of firm heterogeneity in competitive capabilities [J]. Strategic Manage Journal, 1999, 20 (12): 1133 – 1156.

[96] Mian S. , Lamine W. , Fayolle A. . Technology business incubation: an over view of the state of knowledge [J]. Technovation, 2016, 50: 1 – 12.

[97] Monica F. , Mike B. . Factors that play a role in managing through measures [J]. Management Decision, 2003, 41 (8): 698 – 710.

[98] McEvily B. , Zaheer A. . Bridging ties: a source of firm heterogeneity in competitive capabilities [J]. Strategic Manage Journal, 1999, 20 (12): 1133 – 1156.

[99] Mueller, R. O. . Structural equation modeling: back to basics [J]. Structural Equation Modeling, 1997 (4): 353 – 369.

[100] Nambisan, S. , Baron, R. A. . Interactions in virtual customer environments: implications for product support and customer relationship management [J]. Journal of Interact Market, 2007, 21 (2): 42 – 62.

[101] Ordaniniab A.. Service co-production and value co-creation: The case for a servic-riented architecture (SOA) [J]. European Management Journal, 2008, 26 (5): 289 -297.

[102] Paulraj A. , Lado A. A. , Injazz J. C.. Interganizational communication as a relational competency: buyer-supplier relationships [J]. Journal of Operations Management, 2008 (26): 45 -64.

[103] Per E. E. , Pankaj C. P. , David R. S.. Managing interorganizational innovation projects: mitigating the negative effects of equivocality through knowledge search strategies [J]. Long Range Planning, 2016, 49 (6): 691 -705.

[104] Perks H. , Kowalkowski C. , Witell L. , et al.. Network orchestration for value platform development [J]. Industrial Marketing Management, 2017 (67): 106 -121.

[105] Ritala P. , Hurmelinna L. P.. What's in it for me? Creating and appropriating value in innovation-related coopetition [J]. Technovation, 2009, 29 (12): 819 -828.

[106] Rice M. P.. Co-roduction of business assistance in business incubators: an exploratory study [J]. Journal of Business Venturing, 2002 (17): 163 -187.

[107] Rothschild, L. , Darr, A.. Technological incubators and the social construction of innovation networks: An Israeli case study [J]. Technovation, 2005, 25 (1): 59 -67.

[108] Rosenkopf L. , Nerkar A.. Beyond local search: Boundar-Spanning, exploration, and impact in the optical disk industry [J]. Strategic Management Journal, 2001, 22 (4): 287 -306.

[109] Schwartz, M. , Hornych, C.. Cooperation patterns of incubator firms and the impact of incubator specialization: empirical evidence from Germany [J]. Technovation, 2010, 30 (9 -10): 485 -495.

[110] Sean H. , David, D.. A systematic review of business incubation re-

search ［J］. Journal of Technology Transfer, 2004, 29 (1): 55 – 82.

［111］ Skilbeck, J. N. , Cruickshank, C. M. . A framework for evaluating technology management process ［C］. Innovation in Technology Management: he Key to Global Leadership. PICMET, 1997.

［112］ Stefan B. , Daniel B. , Wolfgang K. . Determinants of IT outsourcing relationships: a conceptual model ［C］. Proceedings of the 41st Hawaii International Conference on System Sciences, 2008.

［113］ Sirmon D. G. , Hitt M. A. , Ireland R. D. . Managing firm resources in dynamic environments to create value: looking inside the black box ［J］. Academy of Management Review, 2007, 32 (1): 273 – 292.

［114］ Shim S. , Lee B. , Kim S. L. . Rival precedence and open platform adoption: An empirical analysis ［J］. International Journal of Information Management, 2018, 38 (1): 217 – 231.

［115］ Song M. , Droge C. , Hanvanich S. , Calantone R. . Marketing and technology resource complementarity: an analysis of their interaction effect in two environmental contexts ［J］. Strategic Management Journal, 2005, 26 (3): 259 – 276.

［116］ Teece D. J. , Pisano G. , Shuen A. . Dynamic capabilities and strategic management ［J］. Strategic Management Journal, 1997, 18 (7): 509 – 533.

［117］ Theodorakopoulos N. , Kakabadse N. , McGowan C. . What matters in business incubation? A literature review and a suggestion for situated theorizing ［J］. Journal of Small Business Enterprise Development, 2014, 21 (4): 602 – 622.

［118］ Vanderstraeten J. , Witteloostuijn A. V. , Andreassi T. . Being flexible through customization-the impact of incubator focus and customization strategies on incubate survival and growth ［J］. Journal of Engineering & Technology Management, 2016 (41): 45 – 64.

［119］ Wei Ju, Xiaohu Zhou, Shuaibin Wang. The impact of scholars' guanxi networks on entrepreneurial performance——The mediating effect of resource acquisition [J]. Physica A, 2019 (521): 9 – 17.

[120] Wei, Z. , Zhao, J. , Zhang, C. . Organizational ambidexterity, market orientation, and firm performance [J]. Journal. Engineering & Technology Management, 2014, 33 (6): 134 – 153.

[121] Williamson, O. E. . markets and Hierarchies [M]. New York: The Free Press, 1985.

[122] Williamson, O. E. . Comparative economic organization: the analysis of discrete structural alternatives [J]. Administrative Science Quarterly, 1991 (36): 269 – 296.

[123] Woiceshyn J. . A typology of organizational control and its metaphors [J]. Research in the Sociology of Organizations, 1987 (5): 73 – 104.

[124] Yin, R. K. . Case study research: design and methods (3rd Edition) [M]. Thousand Oaks, CA: Sage, 2003.

[125] Yin, R. K. . Case study research: deign and methods [M]. Beverly Hills, CA: Sage, 1989.

[126] Yin, R. K. . Case study research: design and methods (2nd ed.) [M]. London: Sage, 1994.

[127] Zahra, S. A. , Neubaum D. O. . Environmental adversity and the entrepreneurial activities of new ventures [J]. Journal of Developmental Entrepreneurship, 1998, 3 (2): 23 – 140.

[128] Zafar H. , Dayan M. , Anthony D. B. . The impact of networking on competitiveness via organizational learning, employee innovativeness, and innovation process: A mediation model [J]. Journal of Engineering and Technology Management, 2016 (40): 15 – 28.

[129] Zahher A. , Venkatraman N. . Relational governance as an interorganizational strategy: an empirical test of the role of trust in economic exchange [J]. Strategic Management Journal, 1995 (16): 373 – 392.